EQUIPES RICAS E VENCEDORAS

Blair Singer

Equipes RICAS e Vencedoras

A atitude que transforma pessoas comuns em um time campeão

Tradução
Alessandra Mussi

ELSEVIER

Editora CAMPUS

Do original
The abc's of bulding a business team that wins
Tradução autorizada da edição publicada por Warner Books, Inc., e Cashflow Technologies, Inc.

Editoração Eletrônica
DTPhoenix Editorial

Revisão Gráfica
Mariflor Brenlla Rial Rocha
Edna Rocha

Projeto Gráfico
Elsevier Editora Ltda.
A Qualidade da Informação
Rua Sete de Setembro, 111 — 16º andar
20050-006 — Rio de Janeiro — RJ — Brasil
Telefone: (21) 3970-9300 Fax (21) 2507-1991
E-mail: info@elsevier.com.br
Escritório São Paulo
Rua Elvira Ferraz, 198
04552-040 — Vila Olímpia — São Paulo — SP
Telefone: (11) 3841-8555

ISBN 85-352-1727-4
Edição original: ISBN 0-446-69408-8

CIP-Brasil. Catalogação-na-fonte.
Sindicato Nacional dos Editores de Livros, RJ

S624e Singer, Blair
Equipes ricas e vencedores: a atitude que transforma pessoas comuns em um time campeão / Blair Singer ; tradução Alessandra Mussi Araujo. — Rio de Janeiro: Elsevier, 2005.
(Pai rico)

Tradução de: The ABC's of building a business team that wins
ISBN 85-352-1727-4

1. Grupos de trabalho. 2. Ética profissional. 3. Ética empresarial. 4. Liderança. I. Título. II. Série.

05-0854
CDD 658.4022
CDU 658.012.61

Agradecimentos e dedicatória

Trago esta mensagem comigo desde o tempo em que observava meu pai assumir o que, para mim, era uma tarefa monumental: administrar uma fazenda de laticínios de mais de 200 hectares na região nordeste de Ohio. Coordenar os esforços dos fornecedores, a ajuda externa contratada em meio período, os empregados, a nossa família e até mesmo supervisionar o curral dos animais eram ações de liderança que poderiam ser dizimadas a qualquer momento por uma simples mudança climática.

Como torcedor fanático e chefe do time de futebol americano do estado de Ohio, sob o comando de Woodrow Wayne Hayes, aprendi grandes lições sobre como liderar e conduzir equipes fora de série. Esse programa de futebol tem sido uma inspiração sob vários aspectos durante toda a minha vida. Fui abençoado por trabalhar com excelentes treinadores, equipes sensacionais e empresas formidáveis ao longo dos anos.

Agradeço especialmente a Buckminster Fuller, por mostrar-me "por que" faço o que faço. Aos meus avós e à minha família, por me mostrarem o que é um verdadeiro Código de Honra. Aos meus pais, por sua paixão por essa questão, à qual dedicaram parte importante de suas vidas. À minha esposa, por sua infinita afetuosidade e por ter sido a primeira a ensinar-me o verdadeiro significado da palavra "confiança". Ao meu querido amigo Robert Kiyosaki que nunca deixa de incentivar-me a ser a pessoa que sempre sonhei ser. A Kim Kiyosaki, por ser uma companheira de equipe incrivelmente intensa e competitiva, além de verdadeira amiga. A Sharon Lechter, por sua demonstração de liderança genuína. E a todo o pessoal do Pai Rico, que tem sido a melhor equipe de negócios que conheci na vida e da qual tenho orgulho de fazer parte. A Lee Somers, meu treinador de *cross-country** no ensino médio, que fez com que eu sentisse pela primeira vez o gosto da liderança, fibra e resistência. À equipe do almoxarifado de minha antiga empresa de transporte de carga aérea, que me ensinou o significado de viver de acordo com o código nos tempos mais difíceis e como o amor, o trabalho e a disciplina podem fazer com que milagres aconteçam.

O mais importante:

A mensagem deste livro é inacabável. Nada do que exponho aqui é original. Este livro é fruto de instituições admiráveis, de grandes nações e de pessoas e famílias sensacionais. Devo toda a inspiração desta obra aos que dedicaram suas vidas, fortunas e almas a ideais que tornariam a vida de todos muito melhor. Quero agradecer a todos que, à sua maneira, nos conduzem a cada dia.

Àqueles que erraram e admitiram seus erros. Aos que tentam, não conseguem e tentam novamente. A cada criança que alguma vez na vida levantou a mão com entusiasmo para fazer parte do time. Aos que tentaram entrar e não conseguiram, mas encontraram suas próprias equipes campeãs.

Acima de tudo, dedico este livro aos meus dois filhos. Se conseguirmos fazer com que nossos filhos percebam e desenvolvam seus verdadeiros dons, certamente eles alcançarão milhares de pessoas.

E também a você. Saiba que tudo o que você realiza faz a diferença.

Blair Singer

---

* *Nota da Tradutora:* Corrida de atletismo que ocorre em terreno com obstáculos naturais.

Sumário

Prefácio

As quatro habilidades profissionais mais importantes que um empreendedor deve ter

Muitos têm uma idéia milionária para um produto, mas nunca conseguem transformá-la em dinheiro. Há milhões de pessoas que adorariam pedir demissão e começar um negócio próprio, mas nunca realizam o sonho de ser empresário, pois acabam preferindo agarrar-se a um emprego seguro. Entre os que se aventuram e abrem um negócio próprio, muitos fracassam. As estatísticas mostram que 90% de todas as empresas novas fecham nos primeiros cinco anos — e 90% das que sobrevivem após esse período acabam falindo antes do décimo ano de existência. Por quê?

Muitos especialistas dizem que as pessoas não conseguem abrir seus negócios próprios ou fracassam pouco tempo depois da inauguração por causa de duas razões principais: falta de dinheiro e de habilidades empresariais. Dessas duas, eu diria que a falta de habilidade é a mais grave. Ou seja, quem tem talento para os negócios consegue criar meios de ganhar dinheiro. Em contrapartida, se o empresário tiver dinheiro e nenhuma aptidão, o dinheiro irá embora rapidamente.

Quando me ensinava a ser um homem de negócios, meu pai rico sempre dizia: "Há quatro habilidades profissionais principais que um empreendedor deve ter ou aprender: *vendas, contabilidade, investimentos* e *liderança*. De um modo geral, o empresário passa por dificuldades por ter deficiências em uma ou mais dessas habilidades."

Os livros que escrevo com Sharon Lechter enfocam as habilidades em *contabilidade* e *investimentos*. A maioria de nós conhece pessoas que tiveram dificuldades ou fracassaram financeiramente porque suas demonstrações financeiras não estavam em ordem ou porque esbanjaram dinheiro sem investir e reinvestir seus lucros.

Blair Singer é um estimado consultor da equipe do Pai Rico, pois ensina as outras duas habilidades essenciais aos empreendedores. O foco de sua empresa, Sales Dogs, é o ensino das habilidades de vendas, formação de equipes e liderança. Seu primeiro livro da série O Guia do Pai Rico, *Vendedor Rico,* é leitura obrigatória para quem é ou planeja ser empresário. Na minha opinião, vendas é a mais importante das quatro habilidades. Conheci muitas pessoas com idéias excelentes que, contudo, não conseguiram vendê-las. Sem vendas nem é preciso desenvolver as outras três habilidades, pois não haverá oportunidade para colocá-las em prática.

A segunda aptidão vital que tornou Blair Singer famoso internacionalmente é o treinamento em formação de equipes e liderança. Um dos motivos pelos quais meu pai rico ficou feliz por eu ter passado quatro anos em uma academia militar e seis anos no corpo de Fuzileiros Navais dos Estados Unidos foi o treinamento em liderança. Muitos empreendedores fracassam porque simplesmente carecem da habilidade de formar uma equipe que fará o impossível para tornar sua empresa um sucesso.

Neste livro, você aprenderá sobre o Código de Honra. Como oficial e piloto dos Fuzileiros Navais, creio que o *código de honra* foi o que deu a mim e a meus homens a coragem de servir como uma equipe unificada, superando nossos próprios medos e executando tarefas que pareciam impossíveis. Hoje, devo grande parte do sucesso dos meus negócios e de minhas finanças a esse mesmo *código de honra*.

A capacidade de liderar e gerenciar pessoas é vital para os negócios. Na minha opinião, muitas empresas pequenas não crescem ou naufragam porque o empreendedor não reúne uma equipe forte e acaba desistindo do negócio após verdadeira exaustão. Meu pai rico sempre dizia que "fazer as pessoas trabalharem em equipe e realizarem o que você espera delas é a mais árdua tarefa de qualquer empresário". Outra de suas máximas era: "Fazer negócios é fácil, o difícil é gerenciar pessoas."

Leia este livro e descubra como formar um poderoso time que trabalha em equipe e se fortalece mesmo diante de desafios cada vez maiores.

Sob uma perspectiva diferente: Ultimamente, a perda de empregos para países como China, Vietnã e Índia tem causado muita polêmica. Atualmente, até o México tem perdido postos de trabalho para esses países. O problema é tão sério que muitos políticos prometem criar empregos e punir as empresas que exportam empregos. A maioria de nós é grata por saber que compromissos de políticos não passam de promessas que nunca serão cumpridas.

Em viagem recente ao país, descobri que na China o problema de desemprego é maior do que no Ocidente. Disseram-me que anualmente 18 milhões de estudantes altamente capacitados se formam e começam a procurar emprego. O mesmo acontece na Índia, no Paquistão, nas Filipinas e em outros países.

Entre outros motivos, o Ocidente continuará a perder vagas porque no mundo há centenas de milhares de pessoas dispostas a trabalhar por quatro dólares por dia. Com a queda nos custos de transportes, comunicação e tecnologia, a idéia de empregos seguros, com bons salários e benefícios, está rapidamente tornando-se coisa do passado. Por mais que gostem de prometer, nenhum político poderá deter esse desenvolvimento global.

Hoje, a despeito da tendência global da competição cada vez mais acirrada por empregos, os estudantes ainda vão para a escola para encontrar um emprego seguro depois de formados. Essa é uma idéia ultrapassada. Uma das principais razões que tornam este livro muito importante é o fato de, atualmente, o mundo precisar mais de empreendedores, pessoas que possam desenvolver negócios e *criar* empregos, do que daqueles que *precisam* de empregos.

INTRODUÇÃO

O Código de Honra

No dia 3 de janeiro de 2003, o time de futebol da Ohio State University enfrentou o campeão nacional, Miami Hurricanes, na decisão do campeonato nacional no Fiesta Bowl. Segundo analistas esportivos, essa acabou se tornando uma das partidas mais emocionantes na história do futebol universitário americano. Como um *two-touchdown underdog,** o Ohio State levou o jogo a um dramático segundo tempo da prorrogação.

Como espectador e ex-gerente de alunos da equipe Ohio State, não pude ajudar, mas fiquei totalmente envolvido na tensão e na animação do jogo. Além da partida em si, aprendi uma lição muito importante.

Farei uma breve descrição da cena.

Dois grandes times entraram em campo. Havia uma energia incrivelmente alta no estádio. Os analistas faziam suas previsões. A multidão

* *Nota da Tradutora:* No futebol americano, um *two-touchdown underdog* é um azarão que, segundo as apostas, deverá perder por dois *touchdowns*, ou seja, o favorito tem uma vantagem folgada. Muitas vezes, a bolsa de apostas coloca um parâmetro (também conhecido como *linha*) estabelecendo, por exemplo, que o time favorito ganhará por dois *touchdowns* e pode-se apostar se o adversário perderá (ou até mesmo se ele ganhará) acima ou abaixo dessa pontuação.

O objetivo principal no futebol americano é levar a bola até a linha de fundo do adversário ou *endzone*. Essa jogada é chamada *touchdown* e pode ser realizada com o jogador carregando a bola nas mãos ou recebendo um passe na *endzone*. Um *touchdown* vale seis pontos.

estava sentada na beirada das cadeiras. Cada torcedor passou semanas sabendo que a temporada terminaria com esse duelo de titãs.

O talento nos dois lados do campo era impressionante. As estratégias, as táticas e os planos de jogo eram simples, porém formidáveis. Desde o primeiro minuto da partida, cada jogador parecia disputar usando todo o seu potencial. As duas equipes cometeram erros, mas nenhuma delas perdeu o rebolado por causa disso. O jogo teve seus altos e baixos, mas a empolgação da torcida aumentava continuamente a cada instante.

Para os jogadores, parecia que o cansaço diminuía à medida que o tempo passava. Ninguém entrou em pânico. Não houve desordem. Os anos de prática, disciplina e concentração se fizeram valer até os últimos minutos da partida. Quem seria o vencedor? Os favoritos, que defendiam a vitória consecutiva do campeonato? Ou os belicosos azarões?

Foi uma disputa acirrada, que levou à prorrogação. Como empataram novamente, as equipes foram ao segundo tempo da prorrogação, levando a torcida à loucura. Parecia que os dois times vitoriosos haviam se encontrado em campo para ver qual era a equipe "predestinada".

Assistindo a essa partida como espectador, comecei a rir. Quanto mais demorava o jogo, mais eu tinha certeza do resultado. Por quê? Porque, após anos trabalhando com excelentes equipes, descobri que os grandes campeões nos esportes, nos negócios e na família têm uma coisa em comum, uma verdadeira arma secreta.

Não se trata de estratégia, plano ou tecnologia, tampouco de truques ou distorções de um esquema antigo. E, definitivamente, não se trata de sorte! É um componente intrínseco ao código genético das organizações vencedoras e tão arraigado no coração e na alma dos jogadores que, às vezes, torna-se inconsciente. Ainda assim, sua existência é inegável.

É algo que vem à tona em momentos de grande pressão, nos instantes críticos do jogo e na hora do tudo ou nada. Pode ser visto em crises familiares ou financeiras. Aparece também quando precisamos provar nossa capacidade ou simplesmente desistir.

Essa arma secreta é chamada Código de Honra.

Nos minutos finais do segundo tempo da prorrogação, os imbatíveis defensores do título de campeões nacionais estavam posicionados na linha de dez jardas com quatro *downs* (tentativas) para marcar um *touchdown*. O Ohio State Buckeyes, até então considerado *fifteen-point underdogs*,* depararam-se com o desafio de se defender contra a mais poderosa equipe do futebol universitário americano.

Dois times predestinados. Qual deles venceria? Quase em um passe de mágica, o Ohio State conseguiu manter o Miami fora da *endzone* (linha de fundo) a cada *down* bem-sucedido. A multidão foi à loucura. O barulho era ensurdecedor. Entretanto, quando a poeira baixou, todos constataram que o Ohio State continuava firme e vencera o campeonato nacional.

Sorte? Talento? Estratégia? Sempre fiquei curioso por saber como as equipes esportivas surgem como campeãs mesmo contra todos os prognósticos. Sempre refleti sobre como uma pessoa com pouco talento e parcos recursos pode ficar rica. Como pode uma empresa à beira da falência de repente saltar do ostracismo para o sucesso?

Descobri que é o mesmo ingrediente que mantém as famílias unidas em momentos de pressão. A mesma ferramenta comum a todas as grandes equipes: o Código de Honra.

Um conjunto de regras simples e poderosas que regem o comportamento interno de qualquer time, organização, família, pessoa e até mesmo de uma nação. Essas regras determinam como nos comportamos uns em relação aos outros na equipe. São o coração e o espírito do grupo; a bandeira pela qual as pessoas assumem a responsabilidade de defender e lutar.

São premissas como, por exemplo, nunca abandonar um companheiro de equipe que precisa de ajuda e ser responsável pessoalmente por todos os erros. Muitas equipes têm regras, mas estou falando sobre algo que vai além delas. É a firme disciplina que o próprio grupo se impõe na aplicação das normas. O objetivo é não depender de chefes, treinadores, mediadores, pais ou sacerdote para colocá-las em vigor, mas fazer com que os membros da equipe apóiem uns aos outros no

---

* *Nota da Tradutora*: Àquela altura, o Miami Hurricanes tinha 15 pontos a mais que o Ohio States na bolsa de apostas; ou seja, o Ohio States era um vitorioso improvável, um verdadeiro azarão.

cumprimento do código. Sua prática e repetição ocorrem tantas vezes, em tantas circunstâncias, que o código é incorporado inconscientemente no coração de cada integrante, fundamentando confiança, coesão e energia.

Ao formar uma equipe campeã em sua empresa, sua família ou seu grupo, há uma diferença entre bom e excelente. É a mágica invisível que surge sob intensa pressão e quando os desafios parecem insuperáveis. Essa mágica é o Código de Honra, que permeia cada parte, cada declaração, cada ação, cada batida do coração da equipe. É o depoimento de quem você é e quais são as suas convicções.

Mais do que valores, o código consiste nos seus valores traduzidos em comportamento físico e real. É o elemento que define seus padrões de conduta e desempenho.

O bom é que você pode criar esse código para si mesmo e para a sua equipe. Esse é o segredo do Pai Rico para a formação de equipes excelentes. Não importa aonde você vá ou que faça, o código estará presente. Se souber como formá-lo, mantê-lo e protegê-lo, você atrairá somente os melhores participantes e viverá a repetida mágica dos resultados vencedores, seja na área financeira, de saúde e até mesmo na vida amorosa.

Em seu livro *Independência Financeira*, Robert Kiyosaki fala muito sobre como as diferenças de atitude, mentalidade e comportamento das pessoas do quadrante D (dono) opõem-se às dos integrantes dos quadrantes E (empregado) e A (autônomo). Vendas é a principal habilidade nos negócios. No livro *Vendedor Rico*, desmistificamos a questão de negociar e comunicar o que se deseja. Todo mundo vende em todas as áreas da vida, quer trabalhe diretamente em vendas ou não. Esta é a habilidade número um do Pai Rico.

Entretanto, tão importante quanto a habilidade de vendas, o que distingue proprietários de empresas de autônomos é a capacidade de formar uma equipe formidável. Profissionais liberais, prestadores de serviços ou firmas individuais, que cobram honorários, trabalham muito, mas têm pouco poder de fogo. Os que entenderem os segredos encontrados neste livro ganharão um forte impulso rumo à prosperidade do quadrante D, aprendendo como cercar-se das pessoas certas e como garantir que todos caminhem na mesma direção. A formação de equipes não é uma "farra" e também não fomos treinados para isso na maior parte de nossa vida. Para alguns, esse talento desponta facilmente. Para outros, é necessário desafiar a si mesmo e às suas convicções em relação aos outros, além de entender claramente o que é o Código de Honra.

Não se trata de ciência espacial, mas requer um teste de determinação. Este livro o guiará pelo processo para que você possa gerar resultados campeões a qualquer hora, em qualquer lugar.

O Ohio State venceu o jogo com uma excelente equipe. Todavia, a diferença entre as duas equipes tornou-se clara nos momentos de desafio. Foi o código de regras adotado muito antes da partida que definiu os padrões de desempenho. As regras do time vencedor instilaram confiança, disciplina e mágica, fatores que, sob pressão, tornam as equipes mais calmas e mais concentradas e que, em última instância, levam-nas à vitória. Cientes disto ou não, cada equipe tinha um código e cada código, regras diferentes. Você aprenderá a identificar essas diferenças e corrigi-las.

Nos recentes *matchups* (emparceiramentos) do futebol americano universitário da BCS (Bowl Championship Series), os vencedores de cada jogo expressaram a mesma motivação de maneira interessante. Todos os técnicos e jogadores entrevistados afirmaram que *disputaram a partida uns pelos outros, pelos parceiros de equipe.* O objetivo não era o estrelato nem a derrota do adversário. O importante era o apoio mútuo. Essa filosofia é fruto de um tipo muito específico de código!

Outro ótimo exemplo disso vem de uma das minhas analogias preferidas com esportes. Em 1983, na regata America's Cup, a equipe australiana venceu a campeã americana em uma dramática série melhor-de-sete, ultrapassando todos os outros adversários. Nas quase 21 horas de disputa durante seis dias, a margem de diferença foi apenas de 42 segundos! Qual foi a diferença?

John Bertrand, o timoneiro australiano, resumiu bem: "Os americanos tinham uma equipe de campeões, enquanto nós formávamos uma equipe campeã." Os velejadores australianos tinham um formidável conjunto de regras significativamente diferentes das seguidas pela equipe americana.

Você descobrirá como eles conseguiram isso ao terminar de ler este livro.

Que você consiga, por meio deste livro, formar todas as equipes campeãs que tanto merece. Você tem o direito de ser feliz, rico e de cercar-se de excelentes parceiros com a mesma visão e espírito de equipe.

POR QUE O CÓDIGO?

Faço palestras no mundo todo e tenho trabalhado com milhares de equipes e centenas de milhares de pessoas, ajudando-as a aumentar sua renda por meio das vendas e da formação de equipes campeãs. Parece que todos anseiam pela "panacéia" que atrairá para o grupo os melhores integrantes e produzirá resultados extraordinários. Tenho a impressão de que também os pais querem alguma fórmula mágica para criar seus filhos e resolver problemas domésticos.

Há centenas de livros sobre equipes, desempenho máximo, educação dos filhos e como ficar rico; e a maioria deles repete princípios e lições semelhantes. Entretanto, a maioria ignora este componente incrivelmente poderoso. A idéia de um Código de Honra não é inédita. É um preceito que sempre existiu. Como quase tudo na vida, só damos a verdadeira importância quando algo ruim acontece.

Ao longo da década de 1990, todos pareciam trilhar o caminho que levaria ao aprendizado de como ficar rico rapidamente. Quem investia em uma empresa da Internet era considerado um gênio.

Contudo, no primeiro semestre de 2001, teve início uma importante mudança na mentalidade de todos em relação aos negócios e à vida. A bolha da Internet estourou. Mercados afundaram. Parece que todos nós levamos um soco no queixo. Empresários e indivíduos começaram a reavaliar suas prioridades quando o assunto era gastar e investir. Com a pressão pela apresentação de lucros, alguns recorreram a meios alternativos e questionáveis para declarar seus resultados, a fim de continuar a atrair recursos dos investidores.

Então, naquele 11 de setembro, sofremos um grande golpe no peito. O maior e mais terrível ato de terrorismo jamais visto foi executado repetidamente diante de nossos olhos. Com os horripilantes acontecimentos desse dia, as prioridades sofreram mudanças maiores ainda.

Até essa manhã terrível, acreditávamos que éramos invencíveis e que nada nos atingiria. Mas estávamos errados. Num lampejo, muitos de nós percebemos que nada era seguro — nem os escritórios, nem o governo, nem os aviões, nem mesmo o correio. Chegara a hora de pensar seriamente sobre o que *realmente* é importante na vida, pois existe uma possibilidade real de não termos isso amanhã. A questão não era apenas calcular quanto dinheiro acumulamos, mas as pessoas que fazem parte de nossa vida e avaliar o que *verdadeiramente* tinha importância.

Sucessivos escândalos corporativos corroeram nossa esperança de que poderíamos confiar nas pessoas para as quais trabalhávamos ou nas quais investíamos nosso dinheiro. Uma lista de condutas empresariais duvidosas, como as da Enron, da WorldCom ou mesmo de instituições aclamadas como a Arthur Anderson, simplesmente não parava de crescer. Hoje, perguntamos onde está o Código de Honra *dessas* empresas? Tornou-se claro, de maneira dolorosa, que tal código não existia, ou que ninguém o colocava em vigor, ou que, no lugar de um Código de Honra, essas corporações tinham um código de engodo.

Penso da seguinte forma: na falta de regras, as pessoas acabam criando suas próprias normas.

Essas diferenças podem se tornar catastróficas no calor da batalha, especialmente quando o nível de estresse é muito alto e a confusão, prevalente. As pessoas de sucesso têm um Código de Honra muito claro, fácil de entender, que não é negociável nem sujeito a várias interpretações. Essas pessoas se cercam daqueles que concordam com esse sólido conjunto de regras e que, conseqüentemente, também tornam-se bem-sucedidos.

Mas não basta apenas *ter* um código. Se todos os integrantes não conhecem as regras ou não as entendem da mesma maneira, a equipe não pode vencer. Os participantes do seu time precisam entender o código e assumir o compromisso de respeitá-lo.

O Código de Honra é o coração e a alma de toda equipe. Regras como pontualidade, prática, apresentação, presença nas sessões de treinamento, compromisso com o crescimento pessoal ou nunca abandonar um companheiro em momentos de necessidade não só garantem o sucesso, como tornam o jogo muito mais gratificante. Grandes relacionamentos não acontecem por acaso. Em geral, há um entendimento comum e um conjunto de regras que mantêm as pessoas unidas.

Um Código de Honra é a pedra fundamental da cultura de qualquer organização porque é a manifestação física de suas idéias, filosofias e ideais. As pessoas falam sobre a criação de cultura nas organizações. Participei de várias iniciativas de criação, revitalização e mudança de cultura em grande escala. A essência da cultura e a ferramenta principal usada para estabelecê-la, renová-la, difundi-la e demonstrá-la é o Código de Honra.

Desenvolver um Código de Honra gera responsabilidade e um sentimento de apoio, além de ser uma declaração poderosa de quem você é e dos objetivos pelos quais a sua equipe luta. É o que define você e suas metas. E é isso o que importa.

Então, como se desenvolve um Código de Honra que será respeitado e seguido por todos os integrantes da equipe, seja nos negócios, na família ou na comunidade? Isso é o que você está prestes a descobrir.

Dicas para a equipe

- Na falta de regras, as pessoas acabam criando suas próprias normas.
- Pessoas e grupos bem-sucedidos têm um Código de Honra muito claro, fácil de entender e não-negociável.
- O desenvolvimento de um Código de Honra gera responsabilidade e um sentimento de apoio, além de ser uma declaração poderosa de quem você é e dos objetivos pelos quais a sua equipe luta.

Exercícios para a equipe

1. Debata com sua equipe sobre exemplos de desfecho de jogos, êxitos alcançados e resultados campeões nos esportes e nos negócios. Fale sobre o que você acredita que tenha feito a diferença, além do talento.
2. Dê exemplos de organizações que tinham regras, mas não as seguiram. Peça para a equipe debater e dar opiniões a respeito dessas organizações.

Capítulo 1

Por que você precisa de um Código de Honra?

Na falta de regras, as pessoas acabam criando suas próprias normas. Alguns dos maiores desastres nas finanças, nos negócios e nos relacionamentos ocorrem porque pessoas bem-intencionadas simplesmente jogam de acordo com conjuntos de regras diferentes. Desta forma, os resultados mais milagrosos vêm de pessoas unidas pela "mesma filosofia" e por uma espécie de vínculo invisível para alcançar a excelência.

Por experiência e costume, todos nós formulamos nossos próprios conjuntos de diretrizes, regras e premissas. Isso é natural. No entanto, quando começamos a nos juntar a outras pessoas, organizações e culturas, às vezes enfrentamos dificuldades para descobrir por que "esses caras" não nos entendem ou como podem ignorar, tão descaradamente, nossos sentimentos, nosso jeito de agir e nossas regras. Em vários aspectos, "esses caras" sentem o mesmo em relação a nós. Sabe por quê? Porque partimos do equivocado princípio de que determinadas regras básicas são iguais para todo mundo.

O objetivo deste livro é revelar o processo de eliminação de uma das maiores causas de prejuízos financeiros, frustrações e desilusões. É explicar como fazer para cercar-se de pessoas que endossam um conjunto de regras igual ao seu e como estabelecê-las de forma a garantir o máximo desempenho e alegria, além de resultados inacreditáveis, em tudo o que você faz.

Há quase doze anos estudo as equipes de maneira ativa, observando o que as torna bem-sucedidas e como conseguem trabalhar com altíssimo desempenho. Com todo esse tempo de experiência, posso afirmar o seguinte: não é possível ter uma equipe campeã, em nenhuma área da vida, sem um Código de Honra.

Dica para a equipe

Às vezes, a maneira mais fácil de evitar aborrecimentos, conflitos e desarmonia em qualquer grupo é dedicar um tempo para garantir que todos estejam seguindo as mesmas regras.

Se você está interessado em construir um excelente relacionamento, seja nos negócios, na comunidade, na família ou até com você mesmo, é necessário ter regras e padrões para o comportamento que o levará a alcançar seus objetivos. Um Código de Honra é a manifestação física dos valores da equipe, estendida ao comportamento. Não basta *ter* valores, pois isso todo mundo tem. O importante é saber como comportar-se efetivamente para refletir esses valores na prática.

Deixe-me ilustrar essa idéia. Quando estava no ensino médio em Ohio, fazia parte da equipe de atletismo na modalidade *cross-country*. Normalmente, espera-se que todo ser humano do sexo masculino que more no estado de Ohio jogue futebol americano. No entanto, se você visse o meu tamanho, perceberia que não tenho o biótipo adequado para enfrentar um *linebacker** de mais de 90 quilos, mesmo sendo um apaixonado pelo jogo. *Cross-country* é muito mais a minha cara.

* *Nota da Tradutora:* Os *linebackers* são os jogadores que formam a segunda unidade da defesa dos times de futebol americano.

O que muitos não sabem sobre essa modalidade é que normalmente há cerca de cinco a sete corredores por equipe correndo ao mesmo tempo e uma prova inclui, em geral, várias outras equipes correndo simultaneamente. A equipe só poderá vencer se todos os seus integrantes terminarem relativamente perto uns dos outros, à frente dos outros corredores. Ou seja, não adianta ter um *superstar* que ultrapasse o bloco de competidores se os outros membros da equipe estiverem espalhados pelo campo. *Cross-country* é uma prova de baixa pontuação, isto é, o primeiro colocado ganha um ponto; o segundo, dois, e assim por diante. A idéia é fazer com que a equipe inteira termine perto da dianteira, perfazendo a menor pontuação possível. Se, em uma corrida, a sua equipe obtiver a quarta, a sexta, a sétima e a nona colocação, ainda assim ganhará de outra equipe que tiver a primeira, a segunda, a décima segunda e a décima oitava colocação.

Sendo assim, durante toda a prova de 2,5 milhas (4 km) cada corredor encoraja, pressiona, ameaça, apóia os colegas de equipe, e até grita com eles, a cada resfolegar. Deixando os músculos em brasa e exaurindo as forças do corpo, o *cross-country* é uma corrida de resistência tanto emocional quanto física. Na equipe colegial, um incentivava e pressionava o outro ao longo da competição. Se um dos integrantes começasse a perder o ritmo, certamente o restante da equipe daria aquela força para recuperá-lo. TODOS nós tínhamos consciência de que precisávamos de todos para vencer. Fazíamos o que fosse necessário para cruzarmos a linha de chegada juntos. Em outras palavras, parte do nosso código era fazer o que fosse necessário para ajudar a todos rumo à vitória.

Nossa equipe de *cross-country* venceu a maioria das competições das quais participou, ou obteve ótima colocação, mesmo tendo alguns *superstars* entre nós. Éramos uma equipe campeã. Essa foi a minha primeira experiência com equipes, no nível mais elementar, físico e angustiante, mas as lições que aprendi permanecem até hoje. Sempre fiz questão de estar entre pessoas que cobrem o melhor de mim e que me deixem agir assim em contrapartida. Como resultado, tenho sido abençoado com amizades, sucesso e prosperidade inacreditáveis.

Tenho observado também que é em tempos de pressão, quando há altos interesses em jogo, que as pessoas se transformam. NUNCA vi uma equipe espetacular que não tenha se reunido sem algum tipo de pressão, seja ela causada pela competição, por influências externas ou auto-induzida. Nas provas de *cross-country*, permanecíamos unidos, pois sabíamos que cada pessoa, cada segundo e cada passo contavam rumo à vitória de nossa equipe. Tínhamos consciência de que o sucesso da equipe estava acima das metas individuais. Ninguém queria decepcionar o outro e esse era um desejo tão forte quanto o de vencer. Seguíamos um código segundo o qual permaneceríamos juntos a despeito do que houvesse. Nesses momentos realmente importantes, a equipe mantinha a união e fazia o que fosse necessário para a vitória.

Dica para a equipe

Um Código de Honra ressalta o melhor de cada pessoa que o segue.

Entretanto, quando a pressão aumenta, é comum os ânimos se exaltarem. Quando isso acontece, a tendência é não agir de maneira inteligente. As pessoas se voltam aos seus instintos básicos em momentos de estresse e é aí que descobrimos quem verdadeiramente são. Às vezes, esse processo traz à tona um lado não muito agradável. Você já disse algo a alguém num momento de raiva e se arrependeu poucos minutos depois? Creio que sim. Por isso digo que, nessas horas, a emoção se eleva e a inteligência diminui.

Tenho visto equipes que mantêm uma boa união no dia-a-dia, mas, quando as dificuldades surgem, entram no esquema "cada um por si". Quando vem a crise, todos correm à procura de um abrigo, pois não contam com um conjunto de regras para ajudá-los a enxergar uma saída. Essas pessoas acabam sendo guiadas por deduções tiradas em momentos de extrema emoção, o que certamente não é a melhor alternativa para todos os envolvidos.

Nos Estados Unidos, por exemplo, mais da metade de todos os casamentos terminam em divórcio. Em períodos de estresse, os casais têm dificuldade de negociar suas diferenças. Sem um código de honra ou conjunto de regras, não conseguem se manter unidos. O mesmo ocorre no caso de disputa em uma parceria comercial que não seja regida por regras ou diretrizes. Ambas as situações podem se tornar insustentáveis.

As pessoas até *querem* dirimir suas diferenças. O problema é que, sem regras e expectativas definidas antecipadamente e em comum acordo, o ser humano age por instinto, especialmente quando tomado pela emoção. Cada um faz o que pensa ser o melhor, com base no que sente no momento, e as decisões tomadas nesse tipo de situação podem não ser as mais adequadas.

Bem, agora eu sei que *você* nunca passou por esse tipo de estresse, certo?

É claro que passou e sabe que, quando está perturbado, sob a pressão de prazos apertados, aborrecido com algum familiar ou colega de trabalho, é *impossível* tentar negociar condições. Sabe por quê? Porque você não está no seu melhor juízo. POR ISSO, é necessário ter um Código de Honra.

Quando estiver em pleno gozo de sua *sanidade* mental, crie um conjunto de regras para a sua equipe como um guia que explica como agir nos momentos de tensão. Assim, nos períodos de grande estresse, o comportamento será regido por essas normas de conduta e não pelas emoções. O código NÃO é apenas um conjunto de diretrizes a ser usado quando for conveniente, mas sim uma legislação a ser "evocada" quando violada.

As necessidades, as tarefas e os problemas de uma equipe determinam quão rígido será o código. Os Fuzileiros Navais dos Estados Unidos têm um código que mantém as equipes unidas em combate. Quando as balas cruzam o ar, a lógica e o trabalho em equipe podem estar acima da vida e da morte. A repetição do código e de suas regras condiciona o grupo a prosseguir como uma unidade coesa e confiável e não como um punhado de indivíduos lutando pela própria sobrevivência.

Ter um Código de Honra não significa manter todos os membros da equipe felizes o tempo todo. Às vezes, as coisas ficam complicadas. Um código pode causar transtornos, criar conflitos e até colocar pessoas na berlinda. Mas, em última análise, ele protege cada integrante de abuso, negligência e violações à ética. Um Código de Honra ressalta o melhor de cada pessoa que o segue.

NUNCA presuma que as pessoas conhecerão o código por conta própria, pois isso não é algo necessariamente intuitivo. Aprendemos essas regras com os outros — com os pais, treinadores, líderes ou amigos. Alguém deve "mostrar" o código a você e todos devem estar de acordo com ele. O código vale para qualquer relacionamento, seja no trabalho, na família ou consigo mesmo, desde que exista o interesse no sucesso e na felicidade da união.

Atualmente, cerca de 50% do PIB (Produto Interno Bruto) dos Estados Unidos vem de pequenas empresas e cerca de 50% dessas empresas são firmas individuais ou negócios domésticos. Digo isso para ressaltar um aspecto: o cidadão comum tem muito mais força do você imagina. O modo como você conduz seus negócios afeta a vida de muitas pessoas.

Dica para a equipe

Seu código reflete quem você é e atrairá pessoas que aspiram a padrões iguais aos seus.

Sua reputação, sua renda e sua longevidade dependem da coerência de seu comportamento interno e externo. O futuro do país está nas mãos de quem conduz a economia, os mercados, as empresas e as famílias. E esta pessoa é você! Sua importância pode parecer minúscula, mas nunca duvide da influência que pode causar nos outros. Seu código reflete quem você é e atrairá pessoas que aspiram a padrões iguais aos seus. O modo como você conduz os negócios causa mais impacto do que o serviço que você presta.

Chegou a hora de tomar uma decisão e criar um Código de Honra para você e para as equipes das quais participa. Qual é a sua bandeira? Que código você divulgará para o mundo? Quanto sua equipe é unida? Que grau de felicidade você almeja?

Meu objetivo é mostrar-lhe as etapas, a motivação e os *insights* necessários para a formação de uma equipe formidável, que proporcionará a você e aos que o cercam o toque de prosperidade, satisfação e alegria que tanto merecem. A seguir, vamos falar sobre quem está na sua equipe.

Exercícios para a equipe

1. Converse sobre excelentes equipes das quais você já fez parte. Como eram? Quais eram as regras? Como você se sentia como integrante delas?
2. Quais seriam os benefícios de ter um código para os negócios? As finanças? A saúde? A família?

CAPÍTULO 2

As pessoas das quais você se cerca determinarão a sua prosperidade e o seu sucesso. Quem está na sua equipe?

Para formar uma unidade coesa, é de grande ajuda começar com excelentes integrantes. Essa premissa é válida tanto para empresas, organizações sem fins lucrativos, clubes, *downlines* (rede de afiliados), comunidades, governos e até mesmo para a família. Jogadores formidáveis são identificados pelo talento, pelo desejo e pela disposição de jogar de acordo com as regras.

Reconheço que, em alguns casos, não é possível escolher quem fará parte do seu grupo. Entretanto, o código permite que os novos membros decidam se esse é o tipo de equipe da qual desejam fazer parte. Para os que já são integrantes, essa é uma oportunidade de decidir se desejam permanecer ou não no time.

Sei que isso parece um pouco cruel, mas você precisa decidir se prefere uma posição cômoda, a admiração das pessoas ou se realmente deseja vencer. Veja bem, posso até querer ser jogador de futebol do melhor time do mundo, mas isso não significa que o serei! Por acaso, eu tenho os atributos necessários para jogar nesse time? NÃO!

Uma equipe formidável não é apenas um grupo de pessoas com um objetivo comum. É um grupo compromissado a trabalhar em conjunto por uma meta compartilhada, sabendo que nesta luta as habilidades especiais de cada indivíduo serão testadas e forçadas ao máximo. São pessoas dispostas a seguir o que for pelo bem da equipe e a respeitar as regras que podem submetê-las ao crivo, à correção e à análise em prol do grupo. Equipe nem sempre é sinônimo de diversão. Pode haver confusão e aborrecimentos e, com certeza, golpes dolorosos estão inclusos no pacote. No entanto, os resultados que uma excelente equipe pode alcançar são realmente empolgantes. Nada pode deter a força, a certeza e a confiança de uma equipe implacável.

As verdadeiras equipes têm um conjunto de prioridades muito claras:

- Em primeiro lugar, a missão.
- Em segundo, as necessidades da equipe.
- Em terceiro, as necessidades individuais.

Em muitas organizações com as quais trabalhei nos últimos 15 anos, essas prioridades obedecem a uma ordem totalmente inversa. Descobri que muitos, antes de qualquer coisa, querem saber "o que eu ganho com isso?". Se estiverem certos de que ganharão algo em troca, *talvez* ajudem os colegas de equipe, desde que isso não os afete em termos financeiros, ou de tempo e esforços. Se for dessa forma, eles apoiarão a missão.

Infelizmente, tantas equipes chafurdam na mediocridade porque, a despeito do que as pessoas digam (e todo mundo tem uma boa história para contar), a missão parece vir em último lugar. Interesses pessoais são colocados acima dela, e o líder, o empresário ou o empreendedor enfrenta a batalha sozinho, na esperança de que alguém o apóie ao longo do caminho. Na verdade, a maioria não acredita que, se cuidar primeiramente da missão, o resto acabe se resolvendo.

Isso não é um time.

Na equipe do Pai Rico, ou você coloca o objetivo de *elevar a saúde financeira da humanidade* em primeiro lugar ou não fará parte do grupo. Esse é um esforço ininterrupto, e o tempo, o dinheiro e as opiniões pessoais são postos de lado para o bem da missão e da equipe. Adivinhe o que acontece? Num ambiente assim, todos alcançam grandes vitórias. Em outros grupos, há inúmeras desculpas e resultados ínfimos.

Veja este exemplo: fui proprietário de uma empresa de transporte de carga aérea na Califórnia, com equipes trabalhando em turnos para cobrir as 24 horas do dia. Se não conseguíssemos carregar os caminhões e deixá-los prontos para partir até as três horas da manhã, não conseguiríamos cumprir o prazo final da entrega na Costa Leste. Em várias ocasiões, o volume de carga era tão grande que nossa equipe que carregava os caminhões à noite chegava à beira de um colapso.

Perto das 11 horas da noite, ficou claro que não atingiríamos a meta. Então, num verdadeiro espírito de equipe, o pessoal da noite pegou o telefone e começou a ligar pedindo ajuda para a equipe da manhã, mesmo sabendo que esta já havia cumprido seu turno naquele dia.

Ninguém reclamou. O pessoal da manhã cuidou da papelada e do trabalho administrativo para que a equipe da noite pudesse se concentrar no carregamento dos caminhões, fazendo com que chegassem no horário combinado. A frota saiu às 2h45 e a missão foi cumprida. Todos se cumprimentaram, alguns foram tomar um lanche e os outros foram para casa descansar. Não fazíamos isso com freqüência, mas todos ficaram eufóricos e energizados com nosso feito. Ninguém pediu horas extras, nem folgas ou favores especiais. Em primeiro lugar, estava a missão; em segundo, os colegas; e em terceiro, os indivíduos. Isso aconteceu porque seguíamos uma regra de nosso Código de Honra: “Nunca abandonar um colega da equipe em momentos de necessidade.” Por causa dela, ninguém sentiu-se sem apoio nem deixado para trás.

Nessa situação, a missão da nossa empresa era carregar os caminhões e despachá-los a tempo. Mas é muito importante reconhecer que, na tentativa de cumprir a missão, as necessidades da equipe, nesse caso o turno da noite, foram atendidas. Ninguém precisou sentir-se estressado ou abandonado, pois o trabalho foi realizado. Contávamos com a nossa equipe campeã.

Outro fator fundamental a ser ressaltado é *o fato de que não basta querer fazer parte da equipe. É preciso estar apto para tanto*. Então, como podemos determinar quem deve estar na equipe?

ETAPA PRELIMINAR: COLOCANDO AS PESSOAS NA EQUIPE

Se só o desejo não basta, o que é necessário procurar na hora de formar uma equipe? Quem são as pessoas das quais você se cerca? Elas o levarão para cima, manterão você nos mesmos padrões ou o colocarão para baixo? Esses são questionamentos importantes no momento da seleção. À medida que envelhecemos, fica cada vez mais difícil pôr essas questões em xeque, em virtude da possível quebra de hábitos e do círculo social no qual crescemos confortavelmente. Essas raízes se transformam num sentimento de obrigação emocional. Então, quanto mais rápido você observar quem faz parte de sua equipe, melhor.

Estas são as perguntas que você deve fazer a si mesmo ao formar uma equipe:

1. Qual é o tipo de energia dos integrantes da sua equipe?

O *slogan* da SalesDogs é "Vencem as equipes que têm maior nível de energia". Isso é certo especialmente quando se trata de vendas, mas vale para qualquer equipe que interaja com pessoas. Que tipo de energia? Compromissada, interativa, curiosa, ativa, brilhante e cheia de possibilidades. O integrante de uma equipe formidável nunca pensa ou fala a palavra "impossível", mas sempre em termos de "como podemos?". Estou falando do tipo de pessoa que, com seu jeito próprio, ilumina o ambiente, seja com empolgação ou entusiasmo, calma e concentração ou força e confiança. A energia é um aspecto de suma importância, pois permeia tudo o que fazemos. Além disso, é uma fonte descomunal de recursos e ligações com os outros, e é capaz de envolver o ambiente com otimismo, acelerando processos e aumentando as possibilidades. Quem você tem ao seu redor? Pense nisso. As críticas são bem-vindas.

Na verdade, são obrigatórias. Mas elas têm aumentado ou diminuído as possibilidades?

2. Eles têm o desejo de vencer?

Uma das regras do Pai Rico diz que você deve ter um desejo inabalável de vencer. Isso não quer dizer que vencerá sempre, mas que lutará o tempo todo. Para algumas pessoas, basta ter afeto, conforto e um lugar na equipe, que está tudo ótimo. Mas será que elas *desejam vencer?* Estão dispostas a fazer o que for preciso? Muitos dizem que querem vencer, mas será que querem mesmo? Falar é fácil, mas onde eles estão quando "a coisa aperta"?

Pergunte a si mesmo: "Quero vencer?" Afinal, o que o levaria a ter na sua equipe pessoas cujo único objetivo é receber o contracheque no fim do mês e relaxar, sem se importar se a equipe vencerá ou não? É claro que todos *gostam* de vencer, mas todos em sua equipe estão dispostos a investir tempo e energia? Não estou dizendo que se deva trabalhar muito sem um objetivo certo, mas defendo a idéia de fazer o que for necessário para vencer. Os integrantes do seu grupo estão dispostos a adiar a gratificação imediata em troca do sucesso a longo prazo?

3. Eles estão dispostos a deixar outra pessoa vencer?

Fazer parte de uma equipe significa pôr de lado o desejo de ganhos pessoais imediatos e colocar seu apoio à disposição dos outros. Isso não significa que você nunca será a estrela. Entretanto, deverá sentir-se à vontade se precisar sentar no banco de reservas, caso essa seja a melhor opção para a equipe. Se alguém tiver uma idéia melhor, escute-a com a mente aberta e permaneça em silêncio até o colega concluir o raciocínio. Pessoas que querem saber qual é o salário antes de descobrir qual é a missão são altamente suspeitas.

4. Eles se sentem responsáveis pessoalmente?

Outra qualidade necessária de um candidato à equipe é a disposição para assumir a responsabilidade, sem culpar os outros, mas admitindo os erros. Ao entrevistar um candidato, pergunte a ele sobre os maiores erros e os maiores acertos que já cometeu e quais foram os porquês. O que deu errado? Alguém mais assumiu a culpa? Houve alguma circunstância fora do controle da equipe? O que esse candidato aprendeu com a experiência? Ouça as respostas com muita atenção. Não é desejável ter na equipe alguém que não assuma a responsabilidade ou que aponte o dedo para os outros. Isso provoca desconfiança e acaba por destruir a equipe. O ideal é ter um integrante que diga: "aprendi algo com isto" ou "da próxima vez, farei o seguinte".

5. Eles estão dispostos a obedecer o código?

Qualquer pessoa com a pretensão de entrar em sua equipe deve entender o Código de Honra em vigor. Depois de inteirar-se do conteúdo do código, o candidato à equipe pode escolher uma destas três alternativas:

- Concordar com ele (ótimo!).
- Discordar dele (neste caso, essa não é a pessoa indicada para a equipe).
- Fazer perguntas para esclarecer dúvidas.

Se, durante a seleção, usássemos o exemplo do código da transportadora, um candidato poderia perguntar se ganharia uma gratificação extra por ajudar o pessoal do turno da noite. Minha equipe sorriria, explicaria que não e diria com firmeza e delicadeza que provavelmente a nossa turma não era a dele. Isso não significa que o candidato seja uma pessoa ruim, mas que não se adaptaria à cultura que defende a premissa de "nunca abandonar um colega em necessidade" como *nós*.

6. Eles têm talentos ou habilidades especiais?

O ideal é que cada pessoa faça parte da equipe por causa das **habilidades e talentos especiais** que agregam às suas funções. Contadores não precisam ser artistas ou redatores. Vendedores não precisam ser técnicos. Ao formar ou reorganizar sua equipe, certifique-se de ter as melhores pessoas trabalhando naquilo que sabem fazer melhor. Shaquille O'Neal, jogador de basquete norte-americano do LA Lakers, tem mais de 2,15 m de altura, pesa quase 160 kg e é um pivô espetacular. Entretanto, esse gigante seria um fiasco como jóquei! Entendeu? Falaremos sobre isso mais adiante.

Dica para a equipe

Esteja certo de que todos os que ingressam na equipe têm algum talento especial para a posição a ser ocupada. Não contrate alguém apenas para preencher a vaga.

Checklist para a equipe

Qualidades de um excelente integrante da equipe:

1. Energia.
2. Desejo inabalável de vencer.
3. Disposição para deixar outra pessoa vencer.
4. Responsabilidade pessoal que a pessoa assume sem procurar culpados ou justificativas.
5. Disposição para obedecer o código.
6. Talento ou habilidade especial.

No final das contas, o que determina quem fará parte da equipe são os padrões que você definiu para o código de acordo com o qual está disposto a viver. Depois de demarcar uma linha imaginária e deixar claro quem você é, quais são os seus parâmetros e o que é aceito ou não, haverá uma fila de pessoas querendo fazer parte do seu grupo. Podem surgir alguns efeitos colaterais por parte daqueles que não querem seguir o código, mas isso não é problema.

Ao escolher as pessoas que integrarão a equipe, tenho uma tendência a seguir o conselho que ouvi uma vez de Bill Cosby em um de seus shows.

Ele disse: "*Não sei qual é o segredo do sucesso, mas sei que querer agradar a todos é o caminho certo para o fracasso.*"

Se tentar agradar a todos, atrairá um pouco de tudo. Como resultado, terá de lidar com todo tipo de neuroses. Você já tem problemas o bastante para lidar e, a menos que seja um bacharel em psicologia, por que vai arrumar mais perturbações para a sua cabeça?

GRANDES EXPECTATIVAS

Se você tem um candidato com energia, disposição para colocar-se em terceiro lugar na lista de prioridades, um desejo inabalável de fazer o que for necessário, vontade de assumir a responsabilidade, seguir e apoiar o código e um pouco de talento, você tem uma boa estrela em mãos. Certifique-se de que as regras são claras e coerentes.

Embora mudanças aconteçam constantemente, isso não deve se aplicar às regras. O código sobrevive, aconteça o que acontecer. Quanto maior a equipe, mais rígido o código deve ser para garantir o desempenho máximo. Se você tem uma equipe de cinco pessoas num escritório em Phoenix, Arizona, Estados Unidos, o código será facilmente respeitado. No entanto, à medida que abrir escritórios em metrópoles como Nova York, Londres, Cingapura, Sydney, Los Angeles, Chicago, e assim por diante, será mais difícil manter os mesmos padrões.

Tente isto: pegue um pedaço de linha de pipa de aproximadamente um metro e amarre um pequeno peso na extremidade dela. Gire-a acima da sua cabeça, como um caubói com um laço. Gire mais rapidamente. O que acontece? Você precisa segurá-la com mais firmeza. Aumente o comprimento da linha. O que acontece? É necessário segurá-la com mais força ainda para manter o peso no alto.

O mesmo acontece quando sua equipe cresce e se espalha geograficamente. O código precisa ser mais rígido, melhor aceito e revisitado com mais freqüência à medida que a empresa se amplia. Também é necessário acelerar o passo ou o projeto como um todo nunca sairá do papel. Isso é o contrário do que acontece quando as empresas crescem, pois, em geral, a burocracia aumenta e os processos ficam mais lentos.

Por outro lado, um dos meus clientes, a Singapore Airlines, atendeu ao que alguns considerariam uma exigência inaceitável feita pela cúpula da empresa. O inacreditável número de visitas da alta diretoria a estações e regiões remotas ao redor do planeta continua a restabelecer a cultura, a atitude e o código da própria Singapore. Os executivos sacrificam um tempo que seria dedicado à família e passam incontáveis horas em vôo, num inacreditável compromisso com o espírito dessa companhia aérea com mais de 40 anos de existência. A Singapore combina velocidade, constância e posturas profundamente profissionais em uma organização que se mantém como a maior linha aérea do mundo, com lucros demonstrados a cada trimestre, mesmo nos momentos de maior dificuldade do setor.

No caso das equipes já estabelecidas, o código deve ser uma questão de escolha. Se as pessoas estão no grupo há muito tempo sem regras claras, precisam ter a opção de aceitar o novo código ou não. Não é justo lançar novas regras sobre as pessoas sem avisá-las nem explicar-lhes os motivos. Porém, elas devem escolher. É difícil, mas lembre-se de que, na falta de regras, as pessoas acabam criando suas próprias normas. Os maiores conflitos na vida ocorrem porque as pessoas agem seguindo regras diferentes.

Dicas para a equipe

- As regras devem ser coerentes e comunicadas clara e antecipadamente, para que cada pessoa saiba o que se espera dela. Do contrário, mais tarde podem surgir definições divergentes, que causarão aborrecimentos.
- Como cada um tem suas próprias regras, é preciso ter um código para que todos trabalhem de acordo com as mesmas regras!

O gozado é que, mesmo diante desses conflitos, ambas as partes envolvidas sempre sentirão que estão com toda a razão e que não fizeram nada errado. Sabe por quê? Porque seguiam *suas* próprias regras. Funcionários desapontados reclamam que o chefe é muito exigente e acabam pedindo demissão por causa disso. Segundo as regras desses profissionais, "faremos o que for necessário para concluir as tarefas, desde que sejamos remunerados por todo o nosso trabalho no horário normal e recebamos horas extras pelo que fizermos depois disso". Mas as regras do chefe diziam: "Faremos o que for necessário para concluir as tarefas, a despeito de sermos remunerados para tanto." Nenhuma dessas premissas está certa nem errada. É necessário criar um código para decidir questões como essa com a cabeça fria.

Todos os mecânicos que trabalham para a NASCAR* são muito competentes e experientes. Isso é obrigatório. Mas não importa quanta experiência tragam consigo, a primeira tarefa de todos os recém-contratados é empilhar pneus. Sabe por quê? Porque, além de conhecer a importância de cada simples tarefa realizada na equipe, todos precisam entender a nova cultura da qual fazem parte! Como novo membro da equipe, mesmo um mecânico experiente assume uma posição de *servir aos outros em primeiro lugar*, em vez de sentir-se uma estrela.

Ao escolher os novos integrantes, você deverá observar se estão dispostos a entrar na equipe na posição de servir aos outros com humildade, ouvindo e aprendendo. Se detectar essa disposição, você certamente terá pessoas que darão o melhor de si para conquistar o direito de ser membro de uma equipe espetacular. Cada organização tem seu próprio conjunto de regras e opera de maneira singular. É crucial que todos os que ingressam em *qualquer* tipo de equipe tenham uma compreensão clara das expectativas e regras. Sem isso, você gostaria de andar no carro revisado pelo novo mecânico? Eu não.

---

* *Nota da Tradutora:* National Association for Stock Car Auto Racing é a categoria de automobilismo mais popular dos Estados Unidos.

TRABALHANDO COM OS PONTOS FORTES

Neste capítulo, vimos que, para formar uma equipe, é necessário fazer perguntas importantes, determinar a motivação e definir as expectativas. Entretanto, o próximo componente talvez seja o mais importante para saber quem está na equipe. Se você se esquecer de tudo o que leu neste livro, lembre-se ao menos disto: o segredo do sucesso é colocar os pontos fortes de cada um em ação.

Quando foi a última ocasião em que você recebeu uma "avaliação de desempenho" no trabalho? Aposto que sei o que aconteceu. Você recebeu uma folha de papel com uma lista de seus pontos fortes e fracos. E o que lhe aconselharam a fazer? Melhorar seus pontos fracos.

Quero dizer uma coisa: isso é uma *colossal* perda de tempo. Se já é bem difícil apurar em que você é realmente bom, por que perder tempo tentando consertar um aspecto para o qual talvez o seu código genético *não* tenha sido programado? Por que cargas d'água você pediria para alguém fazer alguma coisa para a qual não tem a menor habilidade?

Uma equipe formidável é um grupo em que todas as pessoas colocam em prática seus pontos fortes especiais, seguindo um Código de Honra que as mantém firmemente unidas. Segundo um dos principais conceitos do Pai Rico, você aceita um parceiro nos negócios quando ele tem alguma *habilidade exclusiva*. Sabe por quê? Porque um complementará o outro; um preencherá as lacunas do outro e, em última análise, agregará valor, qualidade e versatilidade ao produto ou serviço.

Deseja criar uma equipe campeã totalmente nova? Descubra em que aspecto cada membro se sobressai. Não basta ser bom ou competente em algo; é preciso ser *excelente*. Conclua esta etapa e, *voilà*, você terá formado uma equipe *formidável* no que faz, com pessoas satisfeitas e confiantes. Todos ganham com isso.

O mesmo vale para a vida familiar. Por exemplo, na parceria entre mim e minha esposa, trabalho com os negócios, as vendas e a geração de receita. Essas são as minhas habilidades especiais. Já a habilidade de minha esposa é o olhar clínico para os detalhes. Ela consegue identificar padrões em um instante. Sem contar que é *excelente* mãe, apaixonada pela criação de nossos filhos. Formamos uma parceria de sucesso, à qual cada um de nós agrega algo diferente e especial.

Talvez você não possa controlar se alguém em sua equipe faz uso de seus pontos fortes, mas pode controlar a escolha das pessoas que o cercam. Você está cercado de pessoas descontentes com o que fazem? Ninguém da sua equipe gosta do que faz, mas todos continuam porque precisam do holerite no fim do mês? Esse é o tipo de cenário que mina a sua energia e que nunca o levará à vitória. Coloque-se em situações nas quais as pessoas vibrem porque têm a oportunidade de colocar em prática o que sabem fazer de melhor. Quem ama números deve se esbaldar com números, pessoas criativas devem ter espaço para usar sua criatividade, quem adora vender deve envolver-se com vendas, e assim por diante. Se você se cercar de pessoas assim, a energia continuará crescendo.

CONDICIONAMENTO

Um dos problemas na formação de equipes formidáveis é que as pessoas não aprendem a trabalhar em equipe. Na escola, aprendemos a estudar por conta própria. A cooperação em sala de aula era vista como "cola".*

Quase todo aluno americano lembra-se de ter sido aprovado na curva** ao menos uma vez na vida. Quem recebe a nota mais alta, não importa qual seja o valor absoluto, recebe um A. Nada mal se todo mundo for mal, certo? Mas quem se saiu bem na prova, só conseguiu o feito à custa de seus colegas de classe.

---

* *Nota da Tradutora:* O sistema de ensino norte-americano é bastante competitivo, pois as avaliações são feitas com base na comparação entre os alunos e não em uma escala de valores absolutos. Em inglês, o termo "cola" é traduzido como "*cheat*", que também significa "trapacear, trair, enganar" em português.

** *Nota do Tradutora:* O método utilizado é o *Bell Curve*, que consiste na distribuição de probabilidade simétrica numa curva em forma de sino, que se caracteriza pela média e pelo desvio padrão da distribuição.

Aprendemos a não pedir ajuda em nossos deveres de casa, pois isso era considerado "cola". Quem lia nossos trabalhos de pesquisa? Somente o professor, é claro. Desse modo, não obtínhamos a opinião de outras pessoas sobre a qualidade de nossos trabalhos escolares, se eram bons ou ruins, interessantes ou não. Ninguém sentia um interesse pessoal em ajudar o outro a melhorar. Na verdade, se tivesse um desempenho ruim, você ficaria torcendo para os outros irem mal também. Essa certamente não é a maneira mais sensacional de promover o coleguismo e a cooperação.

Passado o período de colégio, somos lançados ao mundo à procura de um emprego. Você deve ter passado por uma experiência parecida com a minha. Seu chefe lhe diz o que fazer e você obedece; sem questionar nem trabalhar com um colega para executar a tarefa que tem em mãos. Se não conseguir cumprir a missão, será demitido. Ninguém fará o trabalho por você e se precisar de ajuda é porque talvez não seja competente o bastante para o cargo.

Essa história lhe parece familiar?

Você se lembra daquele velho conceito: "se quiser algo bem-feito, faça você mesmo"? Imagine um grupo de pessoas que pensam dessa forma tentando terminar um projeto em equipe!

Muitos não estão condicionados a trabalhar em equipe e é difícil mudar essa mentalidade. É perda de tempo ficar imaginando se os colegas podem derrubá-lo ou temer um confronto caso algo dê errado.

Dr. Jerry B. Harvey, autor de *The Abilene Paradox* e professor de Ciência da Administração na Universidade George Washington, define "trapacear" como "*recusar ajuda se alguém pedir*". Sabe por quê? Porque cuidar apenas de si pode prejudicar os resultados do grupo inteiro. É impossível formar uma equipe formidável sozinho. Se você não ajudar, todos perdem. Isso é trapacear!

Trabalhar numa equipe com um rígido Código de Honra tira as pessoas de seu condicionamento a não trabalhar em grupo e ajuda cada integrante a ter um desempenho melhor.

O BOM RELACIONAMENTO ENTRE OS INTEGRANTES DA EQUIPE

O sucesso no trabalho em equipe requer uma boa comunicação entre os integrantes. Aprendi que há quatro componentes para fundamentar o entendimento e a s relações harmoniosas na equipe:

1. No grupo, todos devem ter interesse genuíno na missão da equipe e no bem-estar dos colegas.

Essas não são apenas palavras vazias. Se estiver em uma equipe, ou mesmo na família, a melhor chance de conseguir a colaboração e a compreensão dos outros é demonstrar consideração e respeito sinceros por eles. Você já deve ter ouvido a expressão "ame ao próximo como a si mesmo". Nem sempre concordo com a idéia, pois existem pessoas que não se amam. Não é preciso amar, basta mostrar alguma preocupação sincera pelos companheiros. O modo mais fácil de conseguir isso é dedicar um pouco de tempo a reconhecer os outros por seus esforços e realizações, por menores que sejam. Basta dizer "obrigado", "muito bem", "você é demais", de vez em quando. (Se uma "voz interna" causar um certo desconforto, mãos à obra!) Se quiser gerar prosperidade e harmonia em sua vida, a lei da reciprocidade diz que primeiro você deve estar disposto a dar. Essa é uma das grandes diferenças entre As e Ds (respectivamente, Autônomo e Dono no quadrante apresentado no livro *Independência Financeira*, de Robert Kiyosaki).

2. É preciso que haja uma realidade compartilhada. Primeiro, você precisa falar nos termos e na linguagem *dos outros*.

Ao falar com os membros da equipe, esforce-se ao máximo para concentrar-se no que se passa com eles, não no que diz respeito a você. Não responda ao que estão *dizendo*, mas ao que estão pensando. Isso fará uma GRANDE diferença. Já reparou que as pessoas dizem uma coisa e fazem outra completamente diferente? Para evitar isso, fale sobre o que você acha que o grupo está pensando e não sobre o que as pessoas estão dizendo efetivamente. Conte a elas que está disposto a entendê-las e a escutá-las, e sua comunicação será muito mais significativa. Cada um quer falar sobre a sua experiência. Já aconteceu de alguém lhe perguntar como foi de férias e dois minutos depois vocês estão falando sobre uma viagem parecida dessa pessoa? Não faça isso! Cale-se e ouça com atenção. Você ficará surpreso com a resposta se estiver disposto a entrar na realidade de outra pessoa e permanecer lá por alguns instantes.

3. É importante articular o que tem a dizer de maneira clara e *sucinta*.
Vá direto ao ponto. Fui claro?

4. Use o recurso da duplicação. Para verificar se todos estão ouvindo bem, peça para repetirem o que você disse e repita o que as pessoas disserem.

Nem sempre as pessoas *escutam* o que você quer dizer. A propósito, nem sempre você entende o que realmente as pessoas querem dizer. Diga o que entendeu e confirme com a pessoa se você compreendeu direito. Eu sei que já interpretei erroneamente as pessoas mais de uma vez na vida. E você? Alguns dos maiores aborrecimentos em família, dos melhores negócios que fracassam e das melhores oportunidades que são perdidas ocorrem não porque as pessoas sejam ruins, mas porque simplesmente há um problema de comunicação entre elas.

Checklist para a equipe

Fatores para garantir a comunicação ideal entre a equipe:

- Demonstrar interesse verdadeiro pela equipe e por todos os integrantes em todas as comunicações.
- Conversar com as pessoas nos termos e na linguagem delas.
- Ser breve, claro e objetivo.
- Verificar todas as comunicações por meio da repetição ou duplicação do que foi dito.

O fato de várias pessoas trabalharem no mesmo lugar não significa que formam uma equipe. Há inúmeros fatores indispensáveis para torná-las uma equipe. Que resultados você deseja alcançar? Que código, ou conjunto de condutas, deve estar em vigor para tanto? Quais são a mentalidade, a atitude, os talentos e as habilidades especiais dos membros da equipe? Qual é o condicionamento anterior dessas pessoas? Chamo isso de Modelo de Resultados:

RESULTADOS

↕

COMPORTAMENTO

↕

ATITUDE

↕

CONDICIONAMENTO, TALENTO E HABILIDADE EXCLUSIVA

Esses quatro componentes estão ligados de maneira indissociável, como causas e efeitos, pois um reforça o outro constantemente. Que resultados você almeja? Seu comportamento, sua atitude e seu condicionamento contribuirão para alcançá-los. Esse modelo é o cerne de todos os negócios e o elemento principal para atingir o sucesso na família e no trabalho (e com você mesmo).

Certa vez, perguntei a um de meus clientes, do Deutsche Bank, qual foi a maior lição que aprendeu em um de nossos programas e ele me respondeu que foi o Modelo de Resultados. "Se ficar focado apenas nos resultados, será tarde demais! Ninguém fica obeso comendo apenas um pedaço de um bolo de chocolate!", disse ele. E continuou dizendo que, graças ao modelo, sua abordagem em relação à equipe mudou muito. Em vez de bater sempre na tecla dos resultados, passou a observar as atitudes, as atividades e o comportamento de seus subordinados diretos. Esse executivo descobriu que poderia ter eliminado problemas antes e garantir o sucesso mais facilmente orientando a equipe nos níveis mais profundos do modelo (comportamento, atitude, condicionamento).

Dica para a equipe

Os resultados ocorrem sempre em função do comportamento, da atitude e do condicionamento. Se ficar focado apenas nos resultados, será tarde demais!

Pergunte a si mesmo: *Você* entraria na sua equipe? *Você* se escolheria para fazer parte da equipe? Você escolheria todas as pessoas que estão ao seu redor? Se pudesse começar tudo de novo, escolheria as mesmas pessoas? Se a resposta for não, sugiro que você crie um código, apresente-o aos integrantes do seu grupo e dê a eles a escolha de aceitá-lo logo ou procurar uma nova equipe porque, de qualquer forma, se houver pessoas que não aceitam as regras, sua equipe atual acabará se desintegrando mais cedo ou mais tarde.

Se a resposta for afirmativa, talvez você tenha os ingredientes necessários para uma equipe campeã. É possível avançar bastante sozinho, mas você acabará precisando de uma equipe para apoiá-lo, para dar aquele "empurrãozinho" de vez em quando, para cobrá-lo, para lembrar as regras a você e a todos os integrantes. Equipes assim são compostas por pessoas com uma energia boa e dispostas a vencer. O seu Código de Honra continuará a mantê-los mais unidos ainda.

Vejamos como se cria um Código de Honra.

Exercícios para a equipe

1. Debata sobre as convicções antigas que contrariam o bom comportamento da equipe e sobre como esses mitos podem afetá-la, especialmente quando os integrantes estão sob pressão.
2. Faça uma lista das características que você espera de cada pessoa que entra na equipe. Se fosse formar um time dos sonhos na empresa, e contasse com um orçamento sem limites, quem você convidaria? Vá atrás dessas pessoas ou de profissionais com os mesmos talentos, atitudes e habilidades.
3. Faça um quadro com o modelo de resultados ocupando uma folha grande de papel e pendure-o em um lugar de destaque para que toda a equipe o veja o tempo todo. Consulte-o sempre para reforçar os resultados que você deseja alcançar.
4. Passe alguns momentos com a equipe, ou com cada integrante individualmente, e peça para que um diga ao outro o que pensa ser o talento ou a habilidade especial desse companheiro de equipe. Não falem sobre os pontos fracos. Ouçam sem responder e observem o que diz aquela "voz interna". Reconheçam o que ouviram sem refutar. Repitam o mesmo exercício em casa.
5. Faça questão de ser responsável por sua comunicação. Pendure um pôster com estes dizeres: "A verdadeira comunicação é a resposta que você terá."

CAPÍTULO 3

Criando um Código de Honra que ressalte o que cada um tem de melhor

Se você pretende criar o código com sua equipe atual, é claro que precisa saber quem realmente está no grupo antes de parar e tentar criar seu Código de Honra. Os padrões do código a ser criado e aplicado com a aprovação de *toda* a equipe manterão o time unido, especialmente quando a pressão aumentar e surgirem novos desafios.

Se ainda não tiver formado uma equipe, primeiro decida qual será o código. Desse modo, poderá atrair as pessoas mais predispostas a concordar com suas regras.

Infelizmente, entretanto, a maioria das pessoas não conhece de verdade quem são seus companheiros de equipe até passarem por um momento de pressão, quando será tarde demais para começar a negociar. Por isso, é importante criar esses padrões, ou regras, antecipadamente. O código cria um alicerce que permite que todos entendam como devem tratar o próximo tanto nos momentos bons quanto nos difíceis.

Essas regras definem questões como profissionalismo, trabalho em equipe, integridade e comunicação, entre outras. Você deve decidir em qual nível de desempenho sua equipe deve operar. Quanto mais rígido o código, mais alto o nível de desempenho.

Seja no campo da física, dos esportes, dos relacionamentos ou da prosperidade, há um princípio generalizado segundo o qual, quanto menor a tolerância, melhor o desempenho. Veja esta analogia.

Enquanto estava no colégio, meu primeiro carro foi um Chevy Nova 1963 conversível, com velocidade máxima de 50 km/h na descida. Eu amava esse carro, mas, verdade seja dita, esse não era um automóvel de alto desempenho.

Por outro lado, minha esposa trabalhava na Northrop, uma empresa fabricante de aviões de caça F-18, como aqueles do filme *Top Gun – Ases Indomáveis*. Sem dúvida, essas máquinas são muito melhores do que o meu Chevy. Os rebites são embalados em gelo-seco antes de serem presos à fuselagem da aeronave. As tolerâncias de fabricação são extremamente rígidas em virtude das velocidades, altitudes e manobras incríveis exigidas desse tipo de avião.

Imagine o que aconteceria se eu tentasse mover meu velho carro pelo ar à velocidade Mach 3 (três vezes a velocidade do som). Ele simplesmente desintegraria! Do mesmo modo, se você descer uma rampa com um F-18 a 80/km, nunca o tirará do chão.

O problema é que muitas organizações, equipes e grupos querem ter o desempenho de um F-18, mas operam com a tolerância usada em um Chevy Nova! Não basta querer ser uma equipe campeã ou desejar trabalhar nos níveis máximos de desempenho. Se levar sua equipe ou sua família aos limites máximos sem regras rígidas, o grupo explodirá quando chegarem os momentos difíceis.

Dica para a equipe

Quanto melhor o desempenho, menor deve ser a tolerância.

Os Fuzileiros Navais têm um Código de Honra rígido porque, em meio a uma saraivada de balas sobre a sua cabeça, a emoção tende a subir e a inteligência, a diminuir. O grupo pratica repetidamente o código para manter-se unido nos momentos de pressão, pois as regras não permitem que o fuzileiro corra para salvar sua própria pele. Este exemplo mostra uma questão de vida ou morte. É preciso ter em vigor regras que garantam que cada indivíduo agirá corretamente a fim de proteger cada companheiro e a equipe como um todo.

O mesmo se aplica à sua empresa ou à sua família. O crescimento ou o fechamento da empresa pode depender de como você lida com as dificuldades. Essa é uma verdade incontestável quando se trata dos filhos e da família. Há momentos em que os integrantes da equipe querem fazer o que é melhor para si e não para o grupo. Isso é natural e tem como base as nossas reações condicionadas. Entretanto, esse mesmo comportamento pode anular os melhores esforços quando se trata de subir ao próximo nível de comprometimento e ligação com sua família, seu cônjuge ou sua equipe. O código mantém as pessoas responsáveis umas pelas outras e pela missão.

Cada família e cada casamento passam por fases de tentativas. O código ou as regras mantêm as pessoas unidas. Do contrário, as crianças tomariam decisões por conta própria, o que nem sempre seria o melhor para elas. Os casais podem ficar perturbados ou estressados e, sob pressão, podem dizer e fazer coisas das quais se arrependerão mais tarde. O código é o conjunto de acordos e regras que obrigam as pessoas a serem o que aceitaram ser num momento tranqüilo e racional.

Você precisa decidir em que nível deseja atuar. Se no ritmo da barraca de sucos da esquina ou à velocidade de uma empresa dinâmica e vencedora. Você quer ter um relacionamento conveniente ou um casamento com dedicação e vida longa? Um grupo de pessoas que agem de maneira imatura em relação aos interesses mútuos ou uma equipe campeã?

Seu código determinará seu nível de atuação, mas também será o que trará novos elementos para a sua equipe. Quanto mais forte o código, maior seu poder de atração. Ele funciona como um farol que atrai pessoas que pensam da mesma forma. Quanto mais claro o código, maior o número de indivíduos com a mesma mentalidade atraídos para a sua equipe.

Se você não gosta de obedecer ordens, de ter o cabelo quase raspado ou de atirar com armas automáticas, não se aliste no exército. Os militares, no entanto, adoram tudo isso! Não quero dizer que um código sirva para todo mundo, ou que um seja melhor que o outro. Cada pessoa tem seu próprio conjunto de valores e é atraída por um código diferente. A cultura e o código da Singapore Airlines são diferentes dos adotados pela United Airlines. A igreja católica é diferente da presbiteriana. Tudo é uma questão de preferência, mas, uma vez que ingressa num grupo, você deve respeitar suas regras.

Todos os grandes relacionamentos têm regras com as quais todos os envolvidos diretamente devem concordar. Isso vale nos negócios, nos esportes, bem como nas relações pessoais e familiares.

Quero deixar bem claro que não sou, nem quero ser, *nenhum* conselheiro matrimonial. Também não é surpresa para ninguém que, nos Estados Unidos, 50% de todos os casamentos não duram muito. Isso ocorre, em parte, porque muitos casais não têm um acordo claro ou porque cada um age de acordo com suas próprias regras. No primeiro sinal de estresse, as pessoas recorrem às suas próprias regras.

Minha esposa, Eileen, e eu temos um código. Sabe por quê? Porque esse é um elemento muito importante em nossas vidas e queremos preservá-lo e nos fortalecermos nele. Estas são algumas de nossas regras:

- Falar um com o outro todos os dias, não importa em que lugar do mundo eu esteja. (Eu viajo muito.)
- Dirimir todas as desavenças até que estejam completamente resolvidas.
- Estudar juntos.
- Manter nossos acordos.
- Ter um compromisso com o desenvolvimento e a formação pessoal.

Esse tipo de regra é bom para qualquer grupo, seja em casa ou no trabalho.

Pense nas equipes de sua vida: em casa, no trabalho e na comunidade. Que mensagem você gostaria de enviar e qual o impacto que gostaria de causar nas pessoas?

ETAPAS PARA A CRIAÇÃO DE UM CÓDIGO DE HONRA

Há várias etapas para a criação de um Código de Honra.

1. Reserve um momento *tranqüilo* para criar o código.

Já mencionei antes, mas nunca é demais enfatizar que não se deve esperar a pressão aumentar, os ânimos se exaltarem, o prazo de entrega chegar ao fim ou as coisas realmente piorarem para criar seu código. Faça isso num momento em que todos estejam pensando clara e racionalmente. A maioria das pessoas tenta criar, legislar e executar as regras no calor da batalha. Que péssima idéia! Lembre-se de que, nos momentos em que a emoção aumenta, a inteligência diminui. Tudo o que conseguimos nessa hora é provocar uma briga feia. Se você se encontrar nesse tipo de situação, peça um tempo e agende a criação de regras para um momento mais tranqüilo.

Também não espere resolver todas essas questões em uma única conversa. O fato de ter encontrado um momento tranqüilo não significa que vocês poderão resolver tudo de uma só vez. Uma boa dose de dedicação é necessária para criar um código e é importante que os envolvidos não se desgastem nessa tarefa, que pode levar dias, semanas ou até meses.

Pode ser uma boa idéia reservar um horário em que seja possível sair do escritório, sem telefones tocando e e-mails chegando. As pessoas tendem a pensar mais claramente quando estão longe do ambiente de trabalho. Você não precisa levar sua equipe para um retiro numa praia paradisíaca (embora eu esteja certo de que ninguém reclamaria), mas quem sabe não seria uma boa idéia reservar uma sala de reuniões em um hotel próximo e encomendar alguns sanduíches. Faça o que for necessário para que as pessoas sintam-se relaxadas e com as idéias claras para esse processo. O importante é deixar a mente liberada para pensar da maneira mais produtiva possível.

Um de meus clientes vende e distribui produtos para tratamento de cabelo no mundo todo. Trabalhamos no código para sua equipe de artistas durante quase dois meses. Provavelmente levará mais alguns meses para terminarmos a primeira versão preliminar. As idas e vindas, e a definição de cada uma das regras demandará uma série de debates, o que é muito bom. Darei um exemplo daqui a pouco.

2. Identifique problemas recorrentes que interferem com freqüência no desempenho da equipe

Certa vez, recebi um convite de um banco global de investimentos para trabalhar com um grupo de operadores da bolsa de valores, composto por pessoas muito inteligentes, habilidosas, rápidas, arrogantes e presunçosas, que trabalhavam como um bando de pistoleiros errantes. Minha missão era torná-las uma equipe campeã!

Uma das regras mais importantes sugeridas para o Código de Honra foi: "Não será permitida nenhuma humilhação no pregão." Sabe por quê? Porque, no ambiente caótico e de excessiva pressão do pregão da bolsa, os ânimos e as emoções podem ficar muito exaltados. Quando o pessoal do apoio administrativo descia ao pregão para ajudar a celebrar as transações feitas pelos operadores, alguns deles gritavam, esbravejavam e quase arrancavam a cabeça dos funcionários administrativos por qualquer coisa. Esse tipo de atitude prejudicava demais a produtividade, sem falar nos sentimentos. Atrapalhava também os colegas operadores que estivessem tentando fechar um negócio. Tal situação costumava gerar revanches posteriores e foi identificada pela equipe como um problema recorrente. Concluíram que essa era uma questão importante o bastante para merecer uma regra a respeito no código.

Com a regra em vigor, a equipe passou a se policiar para defender o padrão. Adivinhe o que aconteceu? A produtividade e a fluidez entre o pessoal de operação e o administrativo melhoraram imediata e dramaticamente. Numa época de alta nos mercados de Wall Street, essa equipe superou a produção de todas as outras equipes do banco que atuam em operações de bolsa de valores no mundo todo porque aprendeu como trabalhar em equipe, em vez de continuar no esquema em que cada um apenas buscava seus interesses próprios.

O código deve tratar das necessidades, da missão exclusiva e dos problemas recorrentes específicos de sua equipe, e não de questões isoladas, como "na semana passada, Francisco fez tal coisa com Maria e agora vamos elaborar uma regra sobre isso". Encontre problemas recorrentes que sua equipe enfrenta regularmente. O atraso contumaz é um transtorno para o grupo? As pessoas têm dificuldades em manter os acordos? Há uma atitude de acusações mútuas, fofocas etc.? Você pode criar regras para lidar com problemas desse tipo. Tente encontrar os verdadeiros problemas por trás dos sintomas.

Não se atenha somente ao que *não* está funcionando, mas valorize o que *está* indo bem. Por exemplo, a equipe trabalha bem sob pressão, dá o melhor de si e executa o trabalho? Uns comemoram espontaneamente o sucesso dos outros? Verifique bons comportamentos como os aqui exemplificados e descubra se há algo que impeça a prática deles.

Veja este modelo de código:

1. Nunca abandonar um colega em necessidade.
2. Estar disposto a "cobrar" e a "ser cobrado" em relação ao cumprimento do código. (Falarei sobre este conceito e explicarei como aplicá-lo no próximo capítulo.)
3. Comemorar todas as vitórias.
4. Ser pontual.
5. Manter todos os acordos e esclarecer imediatamente quaisquer acordos que tenham sido desrespeitados ou que estejam na iminência de.
6. Comunicar-se diretamente. (Se você tiver um problema com alguém, fale diretamente com essa pessoa ou esqueça o assunto.)
7. Ser responsável — não colocar a culpa nos outros nem dar justificativas.

8. Ser desembaraçado – encontrar soluções antes de "despejar" seus problemas nos outros.
9. Nunca deixar que questões pessoais atrapalhem sua missão.
10. Ser leal com a equipe.
11. Ter um compromisso com o desenvolvimento pessoal.
12. Não procurar nem pedir piedade ou reconhecimento.
13. Vender é um dever de todos!

Pelo nosso código, você pode deduzir que somos uma empresa de vendas e desenvolvimento pessoal. A maior parte de nossas regras fala a respeito de ser o melhor possível por dentro e por fora.

O que é vital para a sua equipe? Você e seu grupo precisam descobrir a resposta a esta questão.

3. *Todos* devem participar!

Se você está criando um código para uma equipe já existente, há duas razões que tornam crucial o envolvimento de todos. A primeira é que, se todos participam, todos são responsáveis. A segunda é porque, assim, os que não gostarem das novas regras poderão desistir da equipe durante o processo. Isso pode poupá-lo de arrependimentos depois. Verdade seja dita: há pessoas que não conseguem se responsabilizar pelos outros nem por si mesmas em relação ao código. Se todo mundo se envolver no processo, os integrantes terão a chance de ficar ou sair antes que seja tarde e nunca poderão lamentar nem dizer que não puderam opinar sobre o código.

Trabalhei em uma financeira cujo código incluía a seguinte regra: "Nunca abandonar um colega em necessidade." Especificamente, essa regra implicava que cada um deveria estar disposto a oferecer ajuda ao outro de modo incondicional. Por exemplo, se você tivesse terminado o seu trabalho e um companheiro estivesse atolado tentando cumprir um prazo final cada vez mais próximo, você deveria ficar e oferecer-lhe ajuda. Isso não significava necessariamente que um deveria fazer o trabalho do outro, mas que os necessitados poderiam contar com os colegas para pegar um café, tirar uma fotocópia ou mesmo para receber um apoio moral. De acordo com tal regra, todos deveriam oferecer ao colega necessitado toda a ajuda necessária para a conclusão do trabalho, a despeito do cargo que ocupassem. O código servia para todos: do chefe ao porteiro.

Essa regra criou muita controvérsia na equipe. Na discussão, uma pessoa levantou-se e indagou: "Por que eu devo ser penalizado pela incompetência ou preguiça dos outros?" Devo admitir que a questão é justa e que o colega tinha o direito de perguntá-la. Foi uma discussão e tanto!

Perguntas difíceis devem ser feitas para esclarecer a regra, não deixando nada ao acaso. Se e quando todos concordarem com a norma estabelecida, saberemos que todos entenderam claramente seu significado.

Quero falar uma coisa a respeito de desacordos. Eles são ótimos. São a substância que forja as equipes espetaculares. No entanto, se todos não estiverem de acordo quando a poeira abaixar, tome cuidado. Se, depois de todos os debates, alguém ainda sentir que está fazendo uma concessão, você e a equipe terão de optar por uma destas decisões:

- Alterar a regra,
- Eliminá-la, ou
- Pedir para a pessoa que não concorda com a regra procurar outra equipe.

Se deixar essa regra mal resolvida, garanto que ela voltará a assombrá-lo de forma bastante desagradável, forçando-o a enfrentar o problema de qualquer forma no futuro, possivelmente quando houver interesses mais altos em jogo!

Como facilitador, observe todos no grupo que parecem ter um pé atrás em relação a alguma coisa ou que não estão totalmente atentos ao processo. Se isso acontecer, chame a atenção *imediatamente*. Faça-os colocar para fora todas as opiniões, sentimentos e idéias ou eles abalarão o grupo mais tarde. Lembre-se de que você está criando um código para fazer com que as pessoas participem da equipe, não para apaziguar alguns integrantes. Se achar que alguém está fingindo que concorda, alerte-o também! Ressalte que o objetivo desse código é proteger a todos na equipe e não ser um mecanismo de imposição nem de repressão às pessoas. O código é uma medida de proteção que serve para que todos trabalhem da melhor forma possível.

Quase todas as vezes em que trabalho com equipes intactas, tomo conhecimento das necessidades e fico sabendo das "crianças-problema" do grupo. Sabe aquela pessoa que é sempre "do contra", que perturba o *status quo*, que não aprende a operar o programa... Costumo sorrir e avisar o cliente que não farei nenhum julgamento até vê-los em ação e darmos início à formação do código.

Na maioria dos casos, embora esse tipo de pessoa se oponha a uma regra estabelecida em comum acordo e pareça oferecer resistência por pura teimosia, há outros elementos na história. Descobri que, muitas vezes, esse tipo de situação ocorre não porque a pessoa queira ser difícil, mas porque tem um histórico com essa questão e não consegue comunicar qual é o problema.

É preciso ir fundo. Talvez essa pessoa não tenha facilidade em expressar seu próprio conjunto de padrões ou valores. Talvez esteja presa a algum incidente problemático do passado. Se alguém se torna resistente, não se afaste, continue investigando e trabalhando com essa pessoa até que ela se sinta mais à vontade ou até ficar claro se ela quer continuar ou sair da equipe.

Várias vezes descobri que a criança-problema era, na verdade, uma pessoa com padrões extremamente altos, mas sem habilidade para comunicar-se bem com os outros. Num esforço para melhorar o desempenho, pessoas assim irritam os outros e acabam se isolando do grupo.

Muitos de nós têm valores e paradigmas semelhantes. Todos queremos trabalhar com afinco, sustentar nossa família, ser felizes e ter bons relacionamentos. Um aspecto fantástico de todo esse processo é que acabamos descobrindo o quanto temos em comum com os colegas e essa é uma descoberta que acaba ajudando a todos.

Entendo que às vezes é difícil reunir todos para conversar. Com um dos meus clientes, enfrentei o desafio de instituir a criação de um código com cerca de 35.000 funcionários. É claro que não há como reunir esse número de pessoas de uma vez. Mas, em situações assim, podemos reunir as pessoas principais de cada departamento para que elas transmitam as preocupações de seus respectivos setores. Esses profissionais ficam encarregados de passar as informações aos seus funcionários e de dar o feedback deles para a empresa.

Criar um código de cima para baixo e esperar que todos o aceitem é utópico. Para ter o sentimento de propriedade, as pessoas precisam participar do processo. Conforme passávamos de uma região para a outra, os mesmos problemas e os mesmos itens do código se repetiam. Isso é normal. Deixamos que cada região ou departamento tivesse seu próprio código. Como resultado, os escritórios que passavam por dificuldades se aprumaram e houve o caso de uma das unidades, que apresentava os piores números da organização, que passou a ocupar o terceiro lugar entre as mais produtivas da empresa. Com a criação do código, algumas pessoas saíram, outras entraram e todas o levaram a sério.

4. Fale sobre vários tipos de comportamento e como todos se sentem em relação a eles, tanto positiva quanto negativamente.

Nesses anos de trabalho com equipes, fico constantemente surpreso com o fato de que há pessoas que trabalham juntas há 10 ou 15 anos e ainda não sabem como seus colegas se sentem em relação a determinadas questões. Aproveite a oportunidade para falar sobre ocasiões em que esses problemas foram vivenciados ou constatados.

Isso nos leva novamente à importância do envolvimento de todas as pessoas. Às vezes, ao falar sobre uma regra, você trará à tona ressentimentos arraigados e resolverá uma série de questões. Às vezes, os problemas mais simples deixam as cicatrizes mais profundas.

Trabalhando em um hospital da comunidade, ajudamos os vários departamentos a criar seu próprio Código de Honra e a colaborar na criação do código que seria aplicado em todo o hospital. Ao trabalhar com a equipe de cirurgia, demoramos quase uma hora para decidir o significado de "ser pontual". Durante anos, cada pessoa entendeu essa expressão de maneira diferente. Para alguns, seu significado era chegar ao hospital no horário. Para outros, ser pontual era estar vestido, desinfetado e pronto para o trabalho no horário determinado. A diferença entre as duas definições era de pelo menos dez minutos. Nesses dez minutos, aquela "voz interna" acusadora ecoava na cabeça de cada um: "Por que esse cara está sempre atrasado?" Em contrapartida, o outro pensava: "Por que estão me olhando desse jeito esquisito? Sei que estão tentando fazer com que eu me sinta culpado", e assim por diante.

O problema com as coisas que não são ditas é que elas acabam se exteriorizando na forma de comentários indelicados, atitudes inadequadas ou detalhes omitidos. Sempre que há ressentimento, há vingança, mais cedo ou mais tarde. Quando abriram a questão e discutiram a respeito, chegaram a uma definição comum e a troca de comentários ferinos desapareceu. Bastou uma simples conversa.

Por isso, é necessário conversar sobre os prós e os contras de cada questão e chegar à raiz dos sentimentos das pessoas antes de chegar a um acordo a respeito de qualquer regra.

5. Assim que chegarem a um consenso em relação a uma regra, ***coloque-a no papel*****!**

Coloque as regras em um local visível, onde todos os integrantes da equipe possam vê-las todos os dias, como o refeitório ou o escritório. O código da minha família está afixado na porta da geladeira. Nos momentos de pressão, pode ser fácil esquecer as regras: longe dos olhos, longe do coração. Coloque o código bem à vista de todos, incluindo seus clientes. Pode parecer uma atitude artificial, mas funciona.

As regras devem ser declaradas com clareza suficiente, de modo que qualquer um possa explicá-las. Lembre-se de que, uma vez em vigor, todos são responsáveis pelo código e é melhor que o entendam profundamente.

6. *Seja específico*!

Suas regras devem ser escritas como afirmações, regras ou acordos objetivos. Evite qualquer regra vaga, pois terá de reescrevê-la mais tarde. Você provavelmente terá de revisar algumas vezes o texto das regras, mas o importante é que o resultado final seja bem específico.

Para ser mais claro: um Código de Honra *não* é a declaração da missão da empresa nem uma lista de valores. Pregar uma lista na parede contendo "1. Trabalho em equipe; 2. Integridade", e assim por diante, não é o mesmo que criar um Código de Honra. Sabe por quê? Porque cada um tem uma idéia diferente de integridade e trabalho em equipe. Se você desdobrar a idéia na forma de uma afirmação que pode ser colocada em prática, não correrá o risco de diferentes interpretações. Em vez de "trabalho em equipe", tente incluir uma regra como esta: "Os objetivos da equipe estão acima dos individuais" e a idéia ficará definida de maneira mais clara.

O mesmo vale para regras como "Ser profissional", "Respeitar ao próximo" ou "Ser responsável". Como *você* define "ser profissional"? Depende da equipe, da missão, dos clientes com os quais a empresa trabalha e de todo o resto. Converse sobre o que cada um pensa sobre conceitos como esses. Lembra-se da minha história sobre a equipe de cirurgia? As pessoas pensavam de maneira bastante diferente sobre a definição de "atraso". Não se canse de esclarecer as regras.

7. Não tente reger os humores.

Criar uma regra do tipo "Estar sempre de bom humor" ou "Nunca ficar com raiva" não só é injusto como também impraticável. *Todo mundo* tem seus dias ruins, não é mesmo?

Mas você *pode* criar uma regra: "Não descarregue seu mau humor nos outros." É aceitável ter um dia ruim e ficar de mau humor, mas *não* descarregar seus problemas nos outros. Essa é uma regra praticável.

8. Certifique-se de que as regras tenham um quê de "desafio".

Ou seja, seu código deve incitar os integrantes de sua equipe a melhorar em todos os aspectos. Desse modo, haverá um ambiente em que todos dão o melhor de si e no qual a equipe trabalha no nível de verdadeira campeã.

Como já disse antes, trabalhar em equipe não é festa garantida todos os dias. Equipes geram confusão. Regras geram confusão. Seguir as regras às vezes implica sacrifícios e isso é difícil. Entretanto, como o código é um desafio, a equipe se aperfeiçoa e as pessoas também.

9. Não se empolgue demais criando regras!

Sem dúvida, é maravilhoso lidar com os problemas criando-se regras para eles. Entretanto, quanto mais regras forem necessárias para a sua equipe, mais problemática ela está!

Tente ficar, no máximo, com uma dúzia de regras. Qualquer código maior que isso fará com que a sua equipe se sinta microgerenciada e cerceada quanto ao comportamento.

Se tiver a impressão de que está criando regras demais, procure as questões que tenham algo em comum. É possível condensá-las em uma única regra simples? Se prestar atenção, encontrará a semelhança entre as questões indo um pouco abaixo da superfície. Recentemente, tive um cliente que não conseguia reduzir o código para menos de 18 regras. Quando me reuni com a equipe gerencial para revisar o código, descobrimos um assunto comum que não havia sido declarado objetivamente. Tive a impressão de que todas as regras elaboradas pelos grupos faziam alusão ao medo de falar a verdade cara a cara, causado pelo receio de sofrer represálias depois. Bingo!

Fizemos um rascunho da lista e começamos novamente. A fusão entre regras como "estar disposto a ouvir a opinião do colega até o fim, sem interrompê-lo" e "nunca se envolver em revanches" ajuda a reduzir sensivelmente a lista. É necessário encontrar a verdade por trás das declarações e acordos.

Pouco tempo atrás, os consultores da equipe do Pai Rico se reuniram para criar um código. Dedicamos bastante tempo à revisão, à criação das regras e voltamos a revisá-lo mais uma vez. Fomos bastante minuciosos em detalhes como "não faça isso, não faça aquilo; isso é aceitável, mas somente quando...", e assim por diante. De repente, alguém salientou que havíamos dado *espaço* para regras demais. Descobrimos que era possível condensar o excedente numa única regra: "Não faça nada que possa denegrir nossa marca." Essa premissa abrangeu todas as nossas preocupações e evitou que o processo e o código se tornassem um peso para nós.

O parâmetro para ajustar seu código não é a quantidade, mas a clareza das regras.

Checklist para a equipe

Etapas para a criação de um Código de Honra:

1. Crie o código num ambiente tranqüilo.
2. Isole os comportamentos recorrentes que impedem a equipe de alcançar o desempenho ideal. Essa etapa se tornará a base para a criação do código. Faça o mesmo com os comportamentos que incentivam o bom desempenho da equipe.
3. Se a sua equipe já estiver formada, obtenha o envolvimento de todos os integrantes.
4. Apresente vários exemplos de comportamentos produtivos e improdutivos e discuta sobre como cada um se sente em relação a eles.
5. Com base no que foi discutido, *anote* as regras que promoverão o desempenho e o comportamento ideais para a equipe.
6. Certifique-se de que as regras são específicas, praticáveis e sem ambigüidades, e de que não são declarações de valores genéricos.
7. Não tente usar o código para reger o humor das pessoas.
8. As regras devem ser um desafio para todos.

9. Não coloque regras demais. Tente deixar o código com menos de dez itens.
10. Quando o código for violado, evoque-o!

10. Se alguém desrespeitar o código, faça-o valer!

Simples assim? Chame a pessoa de lado e diga: "Você violou o código."

Muitas famílias, equipes e empresas têm regras, mas poucas evocam o código quando as regras são violadas. Essa provavelmente é a grande diferença entre ser uma equipe boa e ser uma equipe excelente.

Parece fácil, e pode se tornar a coisa mais tranqüila do mundo, mas a princípio nem tudo é tão simples quanto parece. Portanto, na maioria das vezes, surgem problemas de adaptação. As pessoas não gostam de ser advertidas. Receber críticas é muito penoso para quase todo o mundo, em virtude da enorme carga de problemas emocionais que carregamos ao longo dos anos.

Quando digo "faça-o valer", não estou o aconselhando a punir quem violou o código. Até hoje não vi punições, multas ou humilhação pública que tenham funcionado bem. Basta reconhecer a violação.

Falarei mais sobre estratégias para esse problema em outro capítulo. Por enquanto, basta lembrar que "fazer valer o código" é vital para o fortalecimento da equipe. O grupo precisa se policiar. Se uma regra é violada e ninguém chama a atenção ao fato, ninguém levará o código nem a equipe a sério. Em breve, o ambiente ficará ainda pior porque, além da falta de padrões a seguir, haverá o ressentimento causado pela falta de adesão de todos ao código.

Dica para a equipe

Fazer valer o código não é tarefa do chefe da equipe. *Todos* devem cobrar o cumprimento do código. Afinal, a equipe é de *todos*!

QUAIS SÃO AS EXPECTATIVAS

Após dias, semanas ou até meses criando o Código de Honra, vocês determinaram as questões problemáticas comunicando-se de maneira eficaz, condensaram várias regras referentes a um mesmo comportamento em um único item, escreveram e fixaram o código em um local de destaque. Bem, agora a vida será um mar de rosas, certo?

Vocês estão chegando lá...

Sempre lembro as equipes de que as coisas podem piorar antes de melhorar. No fim das contas, tudo ficará bem, mas, no início, prepare-se para os efeitos colaterais.

É irônico, mas, depois de todas aquelas conversas, após a revisão de todos os rascunhos e quando finalmente o código está solidificado, as pessoas caem em si e dizem: "Opa, acho que agora é para valer. Posso mesmo ser pego por causa de uma dessas regras." É então que começa a debandada.

Do outro lado estão as pessoas que precisam testar o código imediatamente.

Usarei meu filho como exemplo, pois faz isso comigo o tempo todo. Ele pega algo que não deveria e eu digo: "Não mexa nisso!" E ele não obedece. Então eu digo: "Você tem cinco segundos para colocar isso no lugar. Um, dois...!"

Se você tem filhos, sabe exatamente como isso funciona. As crianças costumam esperar você dizer "Cinco!" para devolver o objeto ao respectivo lugar. Elas precisam testá-lo! Bem, sinto muito, mas preciso dizer que uma parte de nós nunca amadurece. Alguma coisa acontece com as pessoas quando você estabelece as regras — elas precisam testá-las! Às vezes, esse é um processo totalmente inconsciente.

Em uma corporação, trabalhei com uma equipe no desenvolvimento de um Código de Honra. Após algumas reuniões, finalmente concluímos o processo. Vinte e quatro horas depois, um executivo da diretoria violou o código. Parte dele queria testá-lo. Juro que esse foi um comportamento totalmente inconsciente.

Esse exemplo é muito bom porque ressalta algo importantíssimo a analisar. Alguém, incluindo você, mais cedo ou mais tarde violará o código. Talvez mais de uma vez. E isso é normal. Mais importante que a violação ao código é a maneira como tal transgressão será resolvida.

Nesse episódio, a equipe se reuniu imediatamente. O "réu" assumiu o erro sem questionar, pediu desculpas ao grupo e apresentou uma série de soluções para o caso. O fato de tratarmos logo da questão, publicamente e com toda a equipe, deu um recado impactante para toda a organização. As outras equipes em campo trataram de assumir imediatamente a responsabilidade pelo código. Em uma recente convenção da empresa, o espírito de equipe e a energia eram inacreditáveis! Eles sabem que fazem parte de uma equipe sensacional.

Esse foi um resultado excelente. No entanto, é preciso entender que as pessoas podem decidir não respeitar o código ou ficar chateadas sem motivo... esteja preparado para esse tipo de situação. As pessoas assumiram uma responsabilidade e isso as assusta.

No entanto, esse é um fator positivo, pois leva ao amadurecimento, desafia ao aprimoramento e a assumir responsabilidades. Passada essa fase de adaptação, você identificará com quem realmente pode contar a longo prazo e aí começa a verdadeira magia.

LIDANDO COM A MUDANÇA

O tempo muda as coisas. As pessoas vêm e vão. Às vezes, as responsabilidades mudam em função de uma oscilação da economia. Esteja preparado para isso também.

Lembre-se de que, conscientemente ou não, todos têm um código. Cada indivíduo, cada equipe, cada empresa tem um código. Não se esqueça de que, na falta de regras estabelecidas em comum acordo, as pessoas formulam suas próprias normas. Quando grupos se mesclam ou novos integrantes se juntam à equipe, as regras precisam ser discutidas e revistas novamente. Os novos membros da equipe geralmente não têm voz ativa quanto ao código, pois ele já está implantado. Basta entendê-lo e aceitá-lo.

Exemplos de regras

- Estar disposto a apoiar o objetivo, as regras e as metas decididas pela equipe.
- Falar de maneira positiva e bem-intencionada.
- Partir do princípio de que a outra pessoa está dizendo aquilo que é verdade para ela naquele momento.
- Cumprir os acordos (responsabilidade).
- Aceitar somente os acordos que você está disposto a cumprir.
- Comunicar qualquer possível violação ao acordo na primeira oportunidade propícia.
- Solucionar qualquer violação ao acordo assim que possível.
- Se surgir um problema, primeiro procurar as correções no sistema e depois comunicar a solução à pessoa que possa fazer algo a respeito.
- Não usar as outras pessoas como escudo para os seus problemas.
- Ser eficiente e eficaz. (Fazer mais com menos!)
- Estar disposto a vencer e a deixar os outros vencerem. (Fazer o jogo do ganha/ganha.)
- Focar naquilo que funciona.
- Em caso de dúvida, verificar o que dizem os sentimentos e a intuição.
- Concordar em trabalhar em prol de um acordo.
- Assumir a responsabilidade pessoalmente. Não procurar culpados e justificativas nem fazer acusações.
- Comemorar ativamente e reconhecer todas as vitórias.
- Estar sempre disposto a "fazer o que for necessário" para vencer.
- Fazer primeiro e argumentar depois. Não deixar questões pessoais atrapalharem a sua posição ou tarefa.
- Esclarecer suas próprias comunicações e verificar a resposta.
- Estar disposto a fazer o que preciso for para apoiar todos os integrantes da equipe.
- Estar disposto a manter a união.
- Não desejar nem procurar piedade e reconhecimento.
- Respeitar prazos e horários!
- Nunca abandonar um colega em necessidade.
- Oferecer apoio freqüente, antecipada e incondicionalmente.

Somos todos humanos e, inevitavelmente, um dia as regras serão desrespeitadas. Mais adiante, falaremos sobre como lidar com esse tipo de situação.

Exercício para a equipe

Criar o código da equipe!

Capítulo 4

Qual é o seu código pessoal?

Excelência não acontece por acaso nem surge do nada. Ela vem, em primeiro lugar, da paixão pelo que você faz e, em segundo lugar, do claro entendimento do que você pode e deseja fazer de melhor. O terceiro componente de qualquer história sensacional sobre alguém que passou de mendigo a rei, superando adversidades e alcançando o sucesso em todas as áreas da vida, é um Código de Honra pessoal, um conjunto de regras e acordos que a pessoa firmou consigo mesma, em relação ao qual não está disposta a fazer concessões.

Você tem um Código de Honra só *seu*? Quais são suas regras? Pelo que você se sente responsável neste mundo? Quem você realmente é? Sabe, no fim das contas, você pode perder dinheiro, posses, amigos e até mesmo a saúde, mas ninguém pode roubar a sua honra.

Seguindo esse raciocínio, qual é o seu Código de Honra? Descobri que as pessoas mais poderosas nem sempre estão nas capas das principais revistas de atualidades, negócios ou esportes. Às vezes, elas estão aí, na sala ao lado. Falo das pessoas que decidiram assumir o que são — os seus próprios padrões e quem desejam ser — sem arrependimentos.

Esta é a minha sugestão: se você ainda não tomou essa decisão, sente e analise sua vida financeira, sua saúde, seus relacionamentos e valores, e crie o seu código. Que compromissos você está disposto a assumir consigo mesmo e com a família? O que você representa?

O problema é que muitos contam uma boa história sobre a vida que levam, e realmente acreditam nela, mas nem sempre vivem assim. Agem como o pai que pede para seus filhos não mentirem, mas trapaceia na declaração de imposto de renda ou conta uma mentirinha para a esposa sobre onde e o que estava fazendo. As crianças percebem e aprendem isso e acabam entendendo que, nesse caso, o código real não é "Dizer a verdade" e sim "Não ser pego". Essas mensagens são enviadas o tempo todo no trabalho.

Os atletas formidáveis alcançam esse patamar não só por causa do talento, mas também porque impõem padrões físicos extremamente elevados para si mesmos. Dedicam horas aos treinos, aos exercícios, a aprender com o treinador, a estudar as táticas do jogo e a cuidar do corpo (bem, às vezes!). O mais importante é definir as regras e não barganhar consigo mesmo.

Dica para a equipe

Que tipo de compromisso você está disposto a assumir consigo mesmo?

Muitas pessoas não têm um Código de Honra pessoal porque não querem assumir compromissos. Preferem dormir a se arrastar da cama bem cedo para malhar, mesmo sabendo que deveriam fazê-lo. Não fazem isso porque não têm disciplina.

Anos atrás, trabalhei como chefe dos alunos do time de futebol americano da Ohio State University, sob o comando de um treinador muito controvertido chamado Woody Hayes. Malfalado pela imprensa, Woody tinha algumas peculiaridades fatais, que acabaram lhe custando a carreira e a reputação. Entretanto, passou grande parte da vida como um formidável formador de caráter de centenas de jovens.

Antes de recrutar um novo jogador do colégio, ele visitava a residência para conhecer a família do atleta. O que a maioria das pessoas não sabia era que Woody procurava duas coisas. Primeiro, havia disciplina na casa? Ou seja, havia regras, como um Código de Honra? Um dia, quando faltar muito pouco para o jogo acabar e muitas jardas para alcançar o placar da vitória, esse jovem terá a disciplina interna necessária para se concentrar, não entrar em pânico e continuar firme no jogo com o time?

Woody também procurava um segundo componente: ele queria observar se o jovem era realmente amado em sua família. Parece estranho um treinador de futebol procurar isso nos jogadores, mas essa era uma exigência muito sensata. Sabe por quê? Porque o amor constrói a autoestima e desenvolve uma confiança interna. Além de amado e valorizado pela família ou equipe, o indivíduo está disposto a receber o apoio dela. Como dizia o saudoso técnico Vince Lombardi, o amor é a "força do coração" de qualquer time. A confiança e o respeito trocados no calor do momento criam os resultados vencedores.

Como são as coisas na sua casa?

Por que estou perguntando isso? Antes de mais nada, porque esse é um dado importante para a formação e a manutenção de sua equipe e de sua família. Porém, mais importante ainda é que, para desenvolver totalmente o seu potencial, você precisa importar-se suficientemente consigo mesmo a ponto de não decepcionar a si próprio. A falta de disciplina é uma indicação de que você não se ama o suficiente. Afinal, por que cargas d'água você faria um acordo consigo mesmo e não o cumpriria? Esse acordo pode implicar sua saúde, sua prosperidade e seus relacionamentos.

Estou certo de que, em algum momento da vida, algum amigo ou colega o procurou com um desafio na vida pessoal ou profissional e você, como um bom amigo, colocou-se à disposição para aconselhá-lo. Imagino você dizendo coisas como "Bem, eu nunca aturaria isso!" ou "Você deve fazer o seguinte" ou "Fique firme, não arrede o pé!". Mas o que você faria se estivesse no lugar de seu amigo? Quais são os seus padrões e valores pessoais? Você está disposto a ficar firme e não abrir mão desses padrões? Você pode dizer honestamente que *faz* o que diz?

É preciso ter disciplina ou normas nessas áreas críticas da vida e estar disposto a não abrir exceções em relação às regras, cercando-se de amigos, familiares ou colegas que também respeitam o seu código. Se tiver coragem para tanto, não só cumprirá o seu destino, que é desenvolver plenamente os seus talentos, mas também ficará cercado de pessoas que o amam muito e afastará as que não o amam tanto assim.

Eu pergunto a você: Qual é o seu código? É um Código de Honra ou não? Porque, no final das contas, nosso patrimônio e nosso legado são o histórico de nossas ações, nossos acordos e o impacto que causamos na vida das pessoas. Há um código excelente dentro de você. Seja específico e não faça concessões em relação a ele. Não tente agradar a tudo e a todos. Quando estiver certo de quem você é, de qual é a sua bandeira, e agir de maneira coerente com seu Código de Honra, atrairá pessoas que pensam de modo parecido com o seu para a sua vida. Desse modo, haverá prosperidade em todas as áreas de sua vida. Espero que, se estiver disponível depois de ler este livro, você se sente e defina seu próprio Código de Honra.

Como é o seu código em relação:

- Aos seus principais relacionamentos
- À sua independência financeira
- À empresa e à equipe
- À família
- À saúde
- Ao seu crescimento pessoal

Todos esses itens têm algo em comum: você. No momento em que assume um compromisso com seu Código de Honra e determina-se a fazer as transformações necessárias, sua vida começa a mudar para melhor. Aposto que quem escolhe um livro como este está interessado em crescimento e sucesso, além de ser alguém respeitado pelos outros. As pessoas olham para você e logo percebem o que faz, se gosta de determinada coisa ou não. Em última análise, você *é* o seu código.

Exercício pessoal para a equipe

Sente-se em um local tranqüilo e agradável e crie seu próprio código. Pense no que *realmente* é importante para você. Que problemas ou padrões você criou para si mesmo no passado e que agora pretende resolver, de uma vez por todas, para assumir definitivamente o controle dessas áreas?

Por exemplo, uma das regras do meu código pessoal, compartilhada apenas com meus amigos mais próximos, é: "Cerco-me apenas de pessoas que exigem mais de mim do que eu mesmo." Se deseja alcançar o sucesso, cerque-se apenas de pessoas que façam você dar o melhor de si. Esteja sempre perto de pessoas mais exigentes, que vejam mais em você do que muitas vezes você mesmo consegue enxergar.

Sigo outra regra que diz: "Não fazer concessões." Insisto em uma questão até sentir que ela está totalmente resolvida e não desisto só para manter a paz.

Sempre que tenho um problema e algo está errado em minha vida, parte do meu código diz: "Não deixe a questão de lado até que ela faça parte do seu passado." Meu mentor, Buckminster Fuller, afirmou certa vez: "Um aborrecimento é a oportunidade de chegar à verdade." Se estiver chateado com alguma coisa, isso significa que há algo a aprender. Não se trata de achar culpados nem de se colocar na posição de vítima, mas de aprender com o episódio.

Às vezes, isso leva tempo e é doloroso encarar algumas verdades sobre você mesmo. No início dos anos 80, sobrevivi a um divórcio bastante traumático e passei muito tempo culpando minha ex-esposa, a família dela, a fase em que estava em minha carreira e assim por diante. Essa atitude não me levou a lugar algum. Entretanto, quando olhei para trás e analisei-me com firmeza, descobri que, dentro de mim, havia uma necessidade enorme de receber aprovação. Tão logo percebi que estava fazendo concessões de todo o tipo para ser apreciado, deduzi que estava condenado a repetir o processo. A lição estava *dentro* de mim. Então, dediquei um tempo que alguns podem chamar de "absurdo" olhando para meu íntimo, tentando descobrir como parar de criar sucessivamente problemas e situações daquele tipo.

Finalmente, outro exemplo de minhas regras pessoais é sempre me perguntar "Qual é o próximo patamar?". Preciso estar em constante aprendizado. Meu Código de Honra diz que, se as coisas estão confortáveis demais, é hora de passar para o próximo desafio. Podem dizer que sou louco, mas sei que devo continuar aprendendo. Então, quando as coisas começam a ficar fáceis ou paradas demais, quando começo a sentir-me entediado e a pensar que não preciso mais me esforçar, descubro logo que chegou a hora de alçar vôo para o próximo nível, de sair de minha zona de conforto e partir para algo novo. É assim que eu posso ter certeza de que estou sempre me desafiando e sendo a melhor pessoa que posso ser.

No código de minha família, há uma cláusula que determina "daqui ninguém sai"; ou seja, por mais que as coisas estejam feias, ninguém tem o direito de sair para lugar algum. Não tem essa de "vou dar uma saída". Temos um compromisso mútuo de dedicar a qualquer problema o tempo que for necessário para resolvê-lo.

Outra regra diz o seguinte: "Ninguém vai para a cama no meio de uma discussão." Às vezes, isso significa que ficaremos acordados noite adentro até resolver a questão. Nas ocasiões em que ficamos acordados, lidando com o problema, tivemos alguns dos momentos mais especiais e importantes do nosso relacionamento. Nosso código, embora muitas vezes difícil e cansativo de seguir, tornou nosso casamento mais forte e mais saudável.

Temos outros acordos e regras sobre como lidar com as crianças e elas têm um código também. Isso nos dá a certeza e a segurança de saber o que se espera de nós, e de que podemos confiar um no outro, sem sombra de dúvida. O código não nos cerceia. Ele nos une, criando mais intimidade e amor. Saiba que os nossos filhos não são robozinhos que dizem amém a tudo. Na verdade, eles são exatamente o contrário disso.

Dica para a equipe

Como temos essas regras, dificilmente surgem situações desagradáveis entre nós. Como têm limites muito claros, as crianças sentem-se livres para usar sua criatividade e energia dentro deles.

Lembre-se de que o código não só fortalece a equipe, como também envia uma mensagem ao mundo sobre o que vocês representam.

Dei alguns exemplos de minhas regras apenas para que você possa refletir sobre o seu próprio código. Chegou a hora de decidir o que é importante para você e para aqueles que o cercam. Seu código é um testemunho de quem você é. Que mensagem você está enviando ao mundo? Que regras obterão sua *verdadeira* adesão e comprometimento? Lembre-se de que, quando não estiver mais neste mundo, as pessoas se lembrarão mais do que você representou do que dos bens que acumulou.

CAPÍTULO 5

Como colocar o código em vigor para garantir uma atuação vencedora

A verdade é que várias equipes têm regras. Algumas alegam até ter um código. Contudo, o verdadeiro teste para determinar a existência de regras é saber se as pessoas realmente as respeitam e as levam a sério. A Enron tinha regras, a Global Crossing também. Grandes empresas de auditoria como a Arthur Anderson contavam com regras rígidas para a emissão de relatórios. O problema não são as regras, mas sim o que acontece quando elas são violadas.

O desafio é colocar as regras em vigor e fazê-las valer. A principal questão é: O que acontece quando uma pessoa viola o código ou infringe uma regra? Você aplica alguma punição? Dá uma surra? Dá outra chance? Aplica uma multa? O fato é que quase sempre nada acontece. As pessoas desviam-se do problema. Ninguém quer ser visto como encrenqueiro ou ser excluído do grupo. Com certeza, as pessoas não querem levar o troco mais tarde por ter se confrontado com alguém que violou uma regra. Como pai, às vezes você pode sentir-se mais incomodado em impor regras do que as crianças em obedecê-las. Nesse momento, você deixa para lá.

Então, o que fazer?

"EVOQUE-O"

Você ficará surpreso. A resposta é realmente simples. Se alguém desrespeita uma regra, é preciso EVOCÁ-LA! Só isso? Sim, isso geralmente é o suficiente. Lembre-se de que normalmente seus colegas ou a equipe temem mais a humilhação pública e o ostracismo do que a morte. (Li um estudo da George Washington University, segundo o qual a morte repentina era a terceira hipótese que mais amedrontava as pessoas nos Estados Unidos!) Na maioria dos casos, o simples fato de você ou a equipe falar diretamente com o infrator já é confrontante o bastante. Se as pessoas tiverem quase certeza de que receberão uma "chamada" por algum motivo, farão o possível para evitar o constrangimento ou a rejeição.

Entretanto, esta é uma espada de dois gumes. As pessoas temem tanto a possibilidade de serem "cobradas" quanto a de precisar "cobrar" o cumprimento das regras. Após a criação do código, sua equipe terá de mostrar que tem fibra, pois o mais difícil é evocá-lo.

> **Dica para a equipe**
>
> As regras em si não são o problema. O desafio é chamar a atenção das pessoas que violam as regras imediata e invariavelmente.

Os problemas em muitos relacionamentos — tanto nos negócios, no casamento, quanto nas equipes — surgem quando não se tem coragem ou habilidades suficientes para confrontar as pessoas com a verdade. Não queremos ferir os sentimentos dos outros nem dar a cara a bater. Mas o Código de Honra será inútil se as pessoas não estiverem dispostas a colocá-lo em vigor. Na verdade, o código se fortalece sempre que é aplicado e, conseqüentemente, a equipe se revigora e o desempenho melhora. Se uma regra é violada e nada acontece, a moral da equipe é abalada, pois fica implícito que o líder não cumpre o que promete. Ou seja, não há honra.

Pense no que acontece com as crianças. Se você determinar uma regra e não aplicá-la, elas o testarão. Se disser: "Não bata no seu irmão!" e não tomar uma atitude quando um espancar o outro, estará enviando várias mensagens: 1) não tem problema bater no seu irmão; 2) as regras não têm importância (essa é a origem da mentalidade e do comportamento criminosos); 3) regras são feitas para serem quebradas. O mesmo acontece em qualquer organização.

Veja bem, as regras serão violadas porque todos nós somos humanos e cometemos erros. Sob pressão, nosso comportamento remonta aos padrões de sobrevivência primitivos. Portanto, a equipe e o código estão aí para ajudá-lo a atingir o seu melhor, mesmo diante de adversidades, confusões e dúvidas. Se o código é reforçado continuamente, as pessoas passam a segui-lo instintivamente.

Em resumo, você terá de "evocar" o código invariavelmente.

Como já mencionei antes, cobrar o cumprimento do código não é obrigação apenas do chefe ou do gerente. Se você pretende ter uma equipe formidável, todos devem fazer valer o código. A consistência existe quando todos esperam ser observados por todos. Nos esportes coletivos, os atletas sabem que, quando não fazem a sua parte, nem precisam esperar pela interferência do treinador, pois o time inteiro "cai matando". Se apenas uma "autoridade maior", o chefe ou o gerente, tiver poderes para evocar o código, não haverá uma equipe de verdade. Pode haver até um grupo de pessoas que trabalham para alguém, mas isso está longe de ser uma equipe campeã!

Em equipes menores, raramente é necessário impor multas, punições ou penalidades. Violações maiores ou contínuas obviamente requerem ações mais drásticas, mas, ao primeiro indício de infração, basta chamar a atenção de maneira clara, direta e imediata. Quanto mais o tempo passar, pior ficará a situação e mais difícil será obter a firmeza necessária para resolvê-la. Para encarar a pessoa face a face, é preciso ter coragem, compromisso e força, ou seja, todos os elementos desejados para um time espetacular. Esse é o tipo de comportamento que molda o caráter da equipe e da família.

Quanto maior a equipe ou a organização, mais claras precisam ser as regras e as conseqüências. Nesses casos, como você não poderá falar ou se comunicar com todos da equipe o tempo todo, precisará de controles mais rígidos. Veja o exemplo a seguir.

Passo muito tempo no exterior. Um dos países nos quais costumo trabalhar é conhecido por ter uma das cidades mais limpas e seguras, um dos mais altos padrões de vida e um dos maiores PIBs do planeta. Também é verdade que esse país tem uma série de regras e multas para quase tudo, desde jogar lixo no chão até mascar chicletes! As regras são inúmeras. Numa atitude que demonstra claramente a noção de cumprimento das leis nesse país, os jornais locais estampam a foto de qualquer pessoa que violar uma dessas determinações públicas, incluindo uma descrição do que ela fez. Que constrangedor! Mas funciona! (A propósito, *não* estou defendendo a humilhação pública.)

Por que tanta rigidez?

Porque esse país é uma pequena ilha com cerca de três milhões de habitantes amontoados numa área muito pequena. Em seu desejo de ser uma potência econômica, de ajudar a economia de outros países da Ásia e de se tornar um parâmetro comercial, empresarial e financeiro, os pioneiros da nação sentiram que a disciplina os fortaleceria num mar de desafios e desenvolvimento caótico, especialmente quando essa pequena ilha tornou-se um país.

Nesse mesmo país, uma das empresas líderes do setor de aviação segue um código tão rígido quanto o da nação, ostenta um dos melhores registros de segurança do mundo e foi escolhida como a melhor empresa aérea em quase todas as categorias, ano após ano. Essa organização não toleraria, de maneira alguma, nada menos que o melhor, de equipamentos e serviços ao comportamento da equipe. As violações ao código são resolvidas rápida, direta e muito silenciosamente.

O espírito dessa companhia aérea é impressionante. As pessoas têm um orgulho inacreditável em pertencer à empresa e trabalham com muito afinco. Sabe por quê? Porque são “chamadas” por outros motivos também. A empresa circula, publica e fixa em toda a organização fotos e histórias de integrantes pegos fazendo a coisa *certa*; ou seja, flagrados defendendo e fortalecendo o código.

Por exemplo, um integrante da equipe se ofereceu para fazer o transporte local de um passageiro aflito que perdeu o vôo. Outro trabalhou além do horário normal e chegou a ajudar a financiar o reencontro de uma família separada por uma terrível tragédia. Um membro da equipe, numa estação no exterior, foi além de suas obrigações, abrigando em sua própria casa uma família extremamente abalada durante a angustiante tentativa de deixar o país.

Essas histórias e fotos circulam para cada funcionário no mundo todo. Há ainda uma série de prêmios de grande prestígio concedidos anualmente aos que foram um exemplo do espírito do código.

Estudo situações assim porque são exemplos fantásticos do princípio segundo o qual, quanto mais rígido o código, mais alto o desempenho, desde que você esteja disposto a aplicar as regras. (Lembre-se de que nem sempre o código precisa ser evocado negativamente!)

Mas tenha cuidado. Em qualquer equipe ou organização, é arriscado ter inúmeras regras ou impor normas rígidas demais. Liderança ineficaz e mau uso das regras podem criar abusos em *qualquer* equipe, além de deixar as pessoas amedrontadas, aniquilando totalmente a mentalidade inovadora, o orgulho de fazer parte e o desembaraço. É por isso que todas as pessoas da equipe devem ter liberdade para fazer valer o código sem temer represálias. Essa diferença será demonstrada claramente no Capítulo 7.

Há várias razões para cobrar o cumprimento do código. Em primeiro lugar, essa atitude afasta o comportamento negativo que impede o bom desempenho. Isso é óbvio. Além disso, a aplicação do código consolida o caráter, a honra e o orgulho, criando um espírito de seguir o que foi estabelecido em comum acordo.

Sabe o que acontece quando há regras estabelecidas, alguém as viola e ninguém diz nada? No pequeno e quase desconhecido livro intitulado *Managing the Equity Factor* (*Gerenciando o fator de eqüidade*, de Richard Huseman, PhD, e John Hatfield), os autores adotaram o termo "juntar selos" para explicar o que acontece quando uma regra é violada sem que nada seja feito a respeito.

O hábito de juntar selos mostra o seu lado negro sempre que as pessoas escondem as suas garras, e destrói equipes de dentro para fora como um câncer. Esse mal sempre acomete os grupos que não estão dispostos a fazer valor o código.

Explicarei melhor.

Sabe aquelas promoções em que você compra um produto, recorta o selinho de uma determinada cor e, depois de juntar uma quantidade 'x', troca os selinhos por brindes? Pois a mesma coisa acontece com as equipes. Imagine que eu e você façamos parte de uma equipe em que uma das regras é "ser pontual". Bem, eu *sei* que você nunca teve de esperar por ninguém e estou certo de que sempre é pontual em todos os seus compromissos, certo? Com certeza...

Imagine que marcamos uma reunião de vendas semanal para as segundas-feiras às oito horas e eu chego cinco minutos atrasado na primeira reunião. O encontro já começou e eu entro cinco minutos depois. O que acontece? Bem, geralmente nada, certo? Entro sorrateiramente, as pessoas dão aquela olhadinha, a reunião continua e *ninguém* diz coisa alguma a respeito. Alguém me conta o que foi dito antes de eu chegar e pronto. Certo? O problema com esse tipo de incidente é que, naquele exato momento, inconscientemente, todos juntaram um selo.

Você pode ter certeza de que juntou um selo quando aquela "voz interna" ecoa na sua cabeça dizendo: "Achei que tínhamos concordado em chegar no horário. Eu cheguei no horário. Agora, o João chega cinco minutos atrasado e ninguém fala nada! O que está errado aqui?" Já viu esse filme? Acho que sim. Nesse momento, você acabou de juntar um selo.

Vamos avançar a fita para a semana seguinte, quando eu ou outra pessoa chega *novamente* com cinco minutos de atraso. Mais uma vez, ninguém fala nada e todos juntam mais um selinho. Na semana seguinte, alguém se atrasa mais um pouco e o silêncio continua. Mais um selinho.

Provavelmente esse problema não ocorre apenas nas reuniões de segunda-feira. As pessoas que não conseguem ser pontuais costumam se atrasar em vários compromissos.

Digamos que isso continue por um tempo até chegar aquela "segunda-feira brava". Você está todo atrapalhado, dormiu demais, as crianças estão atrasadas para a escola, o trânsito está um horror, sua cara-metade falou algo que realmente o irritou e você está atrasado. Então, corre feito louco para chegar pontualmente à reunião e quase chega no horário.

De repente, surge uma idéia em sua cabeça: "João chegou atrasado várias vezes. Carlos se atrasou, Maria se atrasou e ninguém jamais disse coisa alguma! E eu sempre me mato para chegar no horário. Sabe de uma coisa? Vou chegar na hora em que chegar!" A essa altura, você simplesmente trocou os seus selinhos pelo brinde. E é aí que o F-18 começa a se despedaçar em pleno vôo. A equipe implode ou adota uma postura cínica e sem confiança, do tipo cada um por si. Os selos se convertem em ações ocultas e vingativas, e o comportamento escorregadio se traduz em resultados sofríveis e energia nociva.

As equipes não precisam dos concorrentes para destruí-las. Elas mesmas se destroem. Se existe um código, você precisa estar disposto a correr o risco do incômodo momentâneo de fazê-lo valer para colher a recompensa de ser uma equipe campeã depois.

Sei que não é fácil e estou certo de que você nunca aprendeu isso na escola! Aprendemos a ficar quietos, a ser calmos e a obedecer ordens. Por isso, apresento algumas orientações e dicas para que sua equipe aprenda a cobrar o cumprimento do código com naturalidade. Seguindo estas dicas, ficará cada vez mais fácil fazer valer o que foi combinado, e o medo e a emoção desaparecerão da equação.

1. Escolha o momento certo para fazer valer o código.

Na frente de um cliente ou de um colega, provavelmente não será a melhor ocasião para chamar a atenção de alguém. A humilhação não leva a nada. A pessoa se exalta, não ouve mais coisa alguma, e só consegue se concentrar em encontrar um meio de vingar-se do episódio. Lembre-se de que o medo da humilhação pública é maior que o medo da morte. Se você procura uma resposta favorável, essa não é uma boa idéia.

Evocar o código não significa brigar. Atacar uma pessoa apenas a colocará na defensiva, fazendo com que ela pense apenas em como e quando dará o troco bem na *sua* cara.

Se isso ajudar, dê um tempo para se acalmar primeiro, assim não agirá com muita agressividade. Use um tom tranqüilo e palavras não-ameaçadoras. Narinas dilatadas e veias saltando do pescoço certamente não são garantias de que o interlocutor o ouvirá. O indivíduo que se sentir atacado não será nem um pouco razoável e vocês não resolverão nada desse modo.

2. Se você não se sente à vontade, reconheça o que sente.

Você pode dizer, por exemplo, "olhe, sinto-me muito constrangido em tocar neste assunto, mas estou realmente incomodado com uma coisa desde esta manhã e acho difícil falar com você a respeito. No entanto, vou falar de uma vez, pois acho que isso ajudará a todos".

Não se trata de "fulminar" ninguém. Fale sobre seus medos, emoções e considerações no início da conversa. Se demonstrar uma certa emoção, suavizará a sensação da outra pessoa e a tornará mais receptiva ao que você tem a dizer.

3. Peça permissão para cobrar o cumprimento do código.

Antes de começar, pergunte à pessoa: "Podemos falar sobre isso agora?" Se a resposta for, "Agora não dá, estou muito ocupado", pergunte qual *será* uma boa hora. Não deixe a pessoa adiar o assunto eternamente, mas peça permissão antes de falar.

4. Corrija o comportamento, não a pessoa.

Repito: corrija o comportamento, não a pessoa. Pense nas pessoas que realmente são importantes na sua vida. Se quisesse, você poderia dizer algo pessoal aos seus amados para deixá-los *completamente* aniquilados e arrasados. Estou certo de que você consegue pensar em algo, mas que nunca agiria assim.

É sobre isso que estou falando. O foco *não* é a pessoa, mas o comportamento que desrespeitou o código. Para deixar clara a sua intenção, refira-se ao comportamento e não à pessoa. Por exemplo, "parece que a idéia de chegar no horário a todos os compromissos tornou-se um problema. Sei que a pontualidade foi uma meta aceita por todos, mas você está enfrentando dificuldades para cumpri-la. O que podemos fazer para resolver esse problema?".

Dicas para a equipe

- Deixe o código reger o comportamento. As regras devem ser o elemento imparcial, o policial, não você!
- Fale sempre em termos de "nós". Você está usando este recurso em benefício da equipe. Não torne essa uma questão pessoal.

Eis um dos aspectos mágicos do Código de Honra: *ele* rege o comportamento e você permite que *ele* mesmo se faça cumprir. O código se torna a parte imparcial, o policial. Basta apontar para o código e dizer: "Não estou atacando você, mas o código que estabelecemos em comum acordo diz para agirmos de tal maneira." Sendo assim, não há o que discutir e você não atacou ninguém pessoalmente. Dizer a uma pessoa que sua vida não vai para frente porque ela continua agindo de determinada forma não funciona. Você provavelmente já sabe disso.

5. Diga especificamente o que não está funcionando e ofereça ajuda.

Seja sucinto. Não é necessário repetir a história toda em detalhes. Atenha-se ao que aconteceu especificamente.

Por exemplo, "nosso acordo diz que chegaríamos no horário a todas as reuniões e você chegou vinte e cinco minutos atrasado, fazendo todo mundo esperá-lo. Você precisa de ajuda? Você gostaria de receber um lembrete antes da reunião? Se for o caso, posso lembrá-lo e todos chegaremos no horário marcado na próxima vez". Rápido, simples, fácil — pronto.

Adote uma atitude solícita logo no início da conversa. Quando trabalhei no setor de transporte de carga aérea, tínhamos um jovem colega que era excelente no atendimento ao cliente, mas que simplesmente *não* conseguia chegar no horário. Deixava todo mundo esperando e sempre alguém precisava cobrir sua ausência. Pedimos várias vezes para ele chegar no horário. Estou certo de que não estava tentando nos desrespeitar, mas simplesmente não conseguia se organizar. Comunicamos que, por mais que o admirássemos, no próximo atraso ele estaria fora da equipe... Discutimos isso em uma reunião da equipe e alguns rapazes do almoxarifado se manifestaram dizendo: "Não se preocupem. Deixem isso conosco."

Na manhã seguinte, dois "samoanos" enormes bateram à porta do apartamento desse colega para acordá-lo! Os nativos entraram na casa e, enquanto um deles vestia o rapaz, o outro fazia o café. Os grandalhões fizeram tudo para que nosso colega chegasse no horário. E não é que o plano funcionou? *Isso* é que eu chamo de "ajuda implacável"! Acredita que o nosso amigo tomou jeito? Desde então, demonstrou encarar as coisas com mais seriedade, mais respeito, começou a se vestir de maneira mais profissional e, sem sombra de dúvida, começou a chegar ao trabalho no horário. (Só a perspectiva de outro despertar como aquele seria o suficiente para tirar-me da cama!) A equipe ajudou o colega a dar o melhor de si.

6. Deixe bem claro que a correção de um comportamento inadequado beneficiará não somente a equipe, mas a pessoa da qual se está chamando a atenção.

O que a pessoa ganharia em chegar no horário? Qual seria o benefício para a equipe se todos conseguissem agir de acordo com o Código de Honra? Sempre leve as pessoas a uma ambição "mais elevada". Ater-se a mesquinharias como quem fez o quê e por que fez levará todo mundo à loucura. A maioria das pessoas quer dar o melhor de si, mas, às vezes, é preciso lembrá-las disso.

7. Lembre à pessoa o trato com o qual ela já havia concordado.

Lembre-se que todos criaram essas regras em um momento tranqüilo. Todos já aceitaram o padrão. Essa pessoa pode ter se esquecido disso no calor do momento. Refresque a memória dela.

8. Deixe a pessoa responder, ouça o que ela tem a dizer sem interrompê-la nem contra-argumentar, e agradeça pela disposição dela em ouvi-lo.

9. Reconheça o comportamento desejado.

Mais tarde, quando a pessoa *realmente* corrigir o comportamento, reconheça essa atitude e agradeça. Você não faz idéia do quanto isso é impactante. Quase todo mundo passa grande parte da vida sem reconhecimento. Se você deseja ser um excelente colega de equipe, um líder formidável e um familiar sensacional, às vezes é preciso calar aquela "voz interna" e ter grandeza suficiente para dizer: "Muito bem!" Dê um "toca aqui", bata nas costas do colega, incentive-o a manter a disposição em corrigir o comportamento inadequado. Não precisa exagerar. Não é necessário fazer um grande agradecimento público.

Checklist para a equipe

Como "evocar o código":

1. Escolha um momento apropriado para falar sobre o assunto, mas não deixe passar muito tempo do ocorrido.
2. Primeiro mostre à outra pessoa como você se sente.
3. Peça permissão antes de falar sobre a regra que foi violada.
4. Corrija o comportamento, não a pessoa. Deixe o código fazer o papel de policial.
5. Mostre especificamente o que não funcionou e ofereça ajuda.
6. Deixe claro quais são os benefícios da correção para a equipe e para a pessoa envolvida.

7. Agradeça o colega por ter ouvido e ouça o que ele tem a dizer sem interrompê-lo.
8. Reconheça quando a pessoa demonstrar o comportamento adequado no futuro.

E SE CHAMAREM A SUA ATENÇÃO AO CÓDIGO?

Não é fácil levar uma reprimenda, porém, mais cedo ou mais tarde, todos nós vamos burlar o código, cometer um erro ou violar uma regra. Afinal, somos humanos. Portanto, seguem algumas dicas sobre como se corrigir se alguém o advertir de algo.

1. Respire fundo.

Você já foi abordado *sabendo* que a pessoa o procurou para dizer que você "pisou na bola" em alguma situação? Ninguém gosta disso. Entretanto, para fazer parte de uma equipe formidável, você deve estar disposto a ouvir também o que não lhe agrada. Então, a primeira regra é "respire fundo". Parece piegas, mas, quando confrontadas, as pessoas deixam as emoções vir à tona e a respiração sucumbir. Muitas chegam a ficar pálidas. Respirar fundo ajuda a relaxar o corpo e a oxigenar o cérebro para que você possa pensar e ouvir com clareza.

2. Reconheça que, não importa o que a pessoa diga, essa é a verdade para ela.

A pessoa pode estar redondamente enganada, mas tente entender que ela está defendendo o que acredita ser importante e verdadeiro, e que precisou de muita coragem para dizê-lo. A decisão de chamar a sua atenção ao código pode estar acompanhada de uma grande dose de temor.

3. Ouça com atenção.

Não verifique mentalmente nem comece a desenvolver sua defesa ou um modo de justificar suas atitudes. Apenas escute e ouça *tudo o que a pessoa tem a dizer*. Creio que, se você ouvir tudo até o fim, descobrirá que provavelmente ambos entrarão em acordo quanto ao que a pessoa está tentando apresentar. Entretanto, se tentar interrompê-la e preparar sua defesa antes da hora, nunca ouvirá o que a pessoa tem a dizer.

4. Se tiver cometido um erro, admita!

No momento em que você assume o erro, a discussão termina! Pronto, não há mais nada a dizer. Porém, quando as pessoas tentam justificar seus atos com todas as razões possíveis, acabam perdendo um dia todo conversando sobre o assunto.

Provavelmente a expressão mais poderosa de qualquer idioma, e também a mais difícil de se dizer, é "desculpe-me". É muito complicado dizer isso e, na verdade, muitos não conseguem. Há quem prefira morrer pensando que está com a "razão" a simplesmente admitir seus erros e ser gentil o suficiente para se desculpar. Certamente há alguém assim em sua família. Mas, se você conseguir pedir perdão, estará fazendo muito mais para ajudar a equipe do que possa imaginar.

Se essa for uma atitude muito difícil para você, tente fingir que é outra pessoa. Ou seja, se alguém está chamando a sua atenção sobre algo, tente afastar-se da situação e fingir que é outra pessoa para poder *observar-se*. Isso funciona muito comigo. Preciso afastar-me da situação, como se fosse outra pessoa, e dizer para mim mesmo: "Blair, seu traste, você *chegou* atrasado de novo! Como pôde fazer isso e o que podemos fazer para corrigir esse erro?" É assim que consigo afastar-me de mim mesmo.

5. Pergunte à pessoa o que você pode fazer para corrigir seu erro e peça desculpas à equipe.

Isso é muito importante. Mostre imediatamente que você se preocupa com a equipe.

6. Se você está recebendo uma reprimenda não muito correta (o que é possível), basta recorrer ao Código de Honra.

Reportem-se à regra ou ao assunto específico e entendam claramente o que a regra determina. Desse modo, ambos poderão chegar a um acordo.

7. Demonstre interesse sincero e faça perguntas sobre o fato.

Se você realmente está preocupado em manter a equipe, o casamento ou a família unida, quando alguém chamar a sua atenção sobre algo, ou mesmo se você estiver chamando a atenção de alguém, faça perguntas e certifique-se de que todos os envolvidos realmente entenderam a questão. Pergunte "como os outros podem ter interpretado minhas atitudes?" ou "por que você chegou a tal conclusão?". Comece a fazer perguntas desse tipo, não por arrogância ou presunção, mas tentando entender o que levou a pessoa a pensar de determinada maneira.

Se conseguir adotar essa postura, ainda que parcialmente, descobrirá que sua equipe ficará cada vez mais unida e mais comprometida com o conjunto de valores que vocês definiram.

O LADO NEGATIVO DAS EQUIPES DE ALTO DESEMPENHO

Eu seria omisso se não dissesse que ter um Código de Honra traz repercussões. Afinal, o pêndulo oscila para os dois lados. Embora a coleção de selos aconteça quando o código *não* é evocado, sempre haverá quem o acuse de ser um tanto "camicase" ou "insano" em aplicar as regras. No entanto, quanto mais alto o desempenho desejado para a sua equipe, mais direta precisa ser a abordagem ao código.

Como resultado, podem surgir efeitos colaterais. Aliás, algumas pessoas não gostam de ser responsáveis pelas outras nem por elas mesmas. Alguns poderão se isolar, pois talvez não agüentem permanecer na equipe. Podem até, conscientemente ou não, forçar e testar os limites para ver se tudo isso é para valer. Seja paciente e saiba lidar com esse tipo de problema.

USANDO O CÓDIGO PARA RECRUTAR PROFISSIONAIS FORMIDÁVEIS PARA A EQUIPE

Em todas as empresas para as quais tenho trabalhado, usamos o código para entrevistar os candidatos. Partindo do princípio de que os candidatos contam com as qualificações básicas mencionadas em etapas anteriores do processo de seleção, marcamos uma reunião entre eles e uma pessoa da equipe que apresentará o código exemplificando o que cada item significa. Os aspirantes descobrem rapidamente as implicações de trabalhar na empresa e o comportamento que se espera deles. Muitos acham nossa atitude um pouco estranha, mas quer saber de uma coisa? Os que aceitam o código tornam-se totalmente compromissados.

Acabamos eliminando mais candidatos do processo do que nunca. As pessoas *querem* fazer a coisa certa. Elas desejam seguir um conjunto de valores essenciais, mas, quando realmente entendem o compromisso e o sacrifício pessoal que às vezes é necessário e quando descobrem que precisam estar dispostas a agir de determinada maneira, acabam dizendo: "Não, isso não é para mim. Prefiro dirigir meu Chevy 63 a voar num F-18. Isso é demais para mim."

Dica para a equipe

O código é uma espetacular ferramenta de recrutamento e qualificação.

Você deve ser fiel ao código e vivê-lo na prática. Isso implica evocá-lo. Livre-se dos selos. Às vezes, as pessoas acabam por colecioná-los. Isso é natural, mas você pode chamar a atenção delas para esse fato também. Não deixe o ambiente carregado. Ser direto com as pessoas o tornará mais forte, mais confiante, e você sentirá que não há nada que não possa fazer. Essa atitude o ajudará a sentir a fantástica sensação de domar seus maiores medos.

CHAMANDO SUA PRÓPRIA ATENÇÃO

Afinal de contas, se você está tentando manter a equipe unida e existe um código de conduta definido, todos são responsáveis por ele. Isso significa que, se você violar o código ou sair da linha — o que certamente acontecerá, pois somos todos humanos —, deverá estar disposto a "chamar sua própria atenção" ao fato perante o restante da equipe. Chamar a atenção dos outros é uma coisa, mas a atitude mais impactante que um líder pode ter é chamar a atenção de si mesmo.

Se fizer isso publicamente, diante da equipe, de seu cônjuge, de seus filhos ou de seus colegas dizendo: "é verdade, havíamos concordado em agir de tal maneira, e eu não cumpri o trato. Peço desculpas e pretendo corrigir meu erro desta forma", as pessoas o levarão a sério. Se tiver grandeza de espírito suficiente, sentir-se forte o bastante em relação aos valores estabelecidos e conseguir dizer isso, as pessoas o verão como um exemplo. Mais importante ainda, você as ensinará como deverão agir quando violarem o código. Essa atitude causará um impacto muito maior do que você possa imaginar e o desempenho de todos será ainda melhor. A partir de então, você será um líder extraordinário.

Exercícios para a equipe

1. Discutam qual é o nível de desempenho desejado para a equipe e certifique-se de que todos estejam de acordo.
2. Dê exemplos de atitudes do tipo "juntar selos" e dos efeitos que elas causam na equipe.
3. Pratique ou faça uma encenação de como cobrar o cumprimento do código num ambiente controlado, por exemplo, numa reunião da equipe. Siga as etapas.
4. Na próxima reunião da equipe reconheça um *bom* comportamento ou resultado de um dos colegas.
5. Se tiver um problema com alguém que tenha violado o código, marque uma reunião com essa pessoa imediatamente para tratar do assunto.
6. Decida com a equipe se há algum problema em falar sobre violações do código na frente dos outros integrantes do grupo.

CAPÍTULO 6

A liderança que ensina a ser excelente

Os líderes são julgados por vários critérios. Pelo impacto e pela influência que causam, pelas conquistas, pela reputação de que desfrutam, e assim por diante. Ainda que muitos deixem por isso mesmo, o histórico de perdas e ganhos não ocorre por acaso. Grandes feitos não acontecem como mágica. Para criar famílias, empresas e equipes formidáveis, os líderes espetaculares contam com determinadas habilidades e talentos. *Digo também que todo mundo é líder em alguma área de sua vida.* Talvez você não chegue a construir um império multibilionário, mas poderá formar uma superfamília que mexa com a vida das pessoas.

Veja algumas dessas habilidades necessárias.

HABILIDADE DE LIDERANÇA Nº 1: A HABILIDADE DE IDENTIFICAR OS PONTOS FORTES DAS PESSOAS E FAZER COM QUE ELAS OS EXPLOREM AO MÁXIMO

Um dos maiores pontos fortes de Woody Hayes era também uma de suas maiores armadilhas. Como líder, ele era capaz avaliar com rapidez e precisão os pontos fortes e fracos de um atleta. Woody era ótimo em colocar o jogador certo no lugar certo e por isso conseguia formar times excepcionais.

Ele e John Wooden, o lendário treinador das dinastias de basquete da UCLA (University of California, Los Angeles), compartilhavam da mesma convicção. Você pode ser um excelente treinador, mas, se não tiver o talento de formar equipes, não conseguirá vencer o campeonato.

Para ser um líder formidável nos negócios, é preciso entender que todos tem algum tipo de talento natural. É por isso que todos podem ser bem-sucedidos. Cabe a você identificar esse talento e ajudar a desenvolvê-lo.

Durante a maior parte da vida, ouvimos quais são nossos pontos fortes e fracos por meio de baterias de avaliações e testes de desempenho. O feedback mais comum que recebemos dos responsáveis por essas avaliações é no sentido de "melhorar" os pontos fracos. Marcus Buckingham, autor do best-seller *Primeiro, Quebre Todas as Regras!*, ressalta que, se já é difícil tentar descobrir qual é o seu grande talento natural, que dirá tentar mudar algo que provavelmente faz parte da programação original de seu cérebro. Você não acha?

Esse é o ponto central do livro *O Vendedor Rico*. Você não precisa ser um "pit bull" para ter sucesso na vida. Um excelente líder ajuda as pessoas a descobrirem, desenvolverem e potencializarem seus pontos fortes, colocando sempre o profissional certo no lugar certo.

Os atletas mais bem pagos são excelentes no que fazem e têm o dom de uma capacidade física singular. O bom treinador identifica a especialidade que torna o atleta *excepcional* e o incentiva a se concentrar no desenvolvimento desse talento natural. Uma equipe bem formada tem poucos elementos intercambiáveis, pois todos desenvolvem suas habilidades exclusivas e não tentam desempenhar tarefas que seriam um sacrifício para eles.

O talento de um líder é conhecer todas as funções que precisam ser desempenhadas e reconhecer quem é a pessoa mais indicada para executálas. Na etapa seguinte, ele orienta os integrantes nessa área de descoberta, experimentação e implementação. Como pais, nossa obrigação é fazer o mesmo com nossos filhos: em vez de tentar transformá-los no que fomos ou no que gostaríamos que fossem, devemos descobrir quais são os pontos fortes deles.

Como pai e como líder, você pode inspirar isso em si mesmo e nos outros. Sabe por quê? Porque gostamos de trabalhar naquilo em que já nos sobressaímos. Quando o trabalho é árduo, mas é divertido, o tempo voa e, antes que você se dê conta, já está trabalhando há horas. A luta é substituída pela empolgação. A concentração e a intensidade tomam o lugar da distração. Lembre-se das vezes em que perdeu a noção do tempo fazendo coisas que os outros poderiam achar chatas ou difíceis, mas que para você foram simplesmente emocionantes.

Tiger Woods obviamente tem um grande talento para o golfe. Certa vez, eu o vi numa entrevista com Oprah Winfrey e a apresentadora perguntou-lhe se seu talento não lhe conferia uma vantagem injusta sobre os adversários porque ele não precisava se esforçar tanto nas partidas. Tiger lançou um olhar de perplexidade para Oprah e respondeu: "Não, na verdade, acontece exatamente o contrário. Isso é uma maldição. Porque tenho o talento, sinto-me obrigado a ser excelente no que faço. Por isso, creio que meu grande trunfo é treinar mais do que qualquer um para desenvolver esse talento."

Tenho um amigo que cresceu jogando golfe no sul da Califórnia, na mesma época de Tiger. Ambos têm a mesma idade e jogavam nos mesmos campos. Meu amigo contou-me que todo mundo *odiava* Tiger porque ele demorava demais circulando pelo campo! Tiger fazia isso porque analisava, experimentava, avaliava, examinava minuciosamente cada tacada até o 19º buraco.* O detalhismo de Tiger enfurecia tanto os que jogavam com ele quanto o grupo que o aguardava para jogar em seguida. E ele se importava com isso? Para sorte dele, não "dava a menor bola"! Agora, enquanto meus amigos têm de pagar para jogar, Tiger ganha uma fortuna para praticar golfe. Isso não diz nada a você?

* *Nota da Tradutora:* Numa partida de golfe, 18 buracos são percorridos. O 19º buraco é conhecido como "bar do golfe", pois o destino da maioria dos golfistas após uma partida é um descontraído bate-papo num bar agradável.

HABILIDADE DE LIDERANÇA Nº 2: A HABILIDADE DE ENSINAR

Poucas pessoas sabem que um dos maiores segredos do sucesso nos negócios vai muito além da habilidade de vendas. Na verdade, o grande segredo é a capacidade de *ensinar* os outros.

A forma suprema de liderança é a capacidade de ensinar a equipe a vencer. Não basta falar ou recitar um monólogo sobre como fazer determinada coisa nem dizer como se deve agir para atingir os objetivos. É preciso envolver, treinar por meio de exercícios, desafiar e fazer com que a equipe coloque a mão na massa.

Não basta assistir aos jogos para aprender a jogar bola. Você não aprenderá a criar seus filhos repetindo o que seus pais fizeram. Não aprenderá a montar uma empresa em um livro e certamente não aprenderá a ser um excelente integrante do grupo apenas ouvindo lições sobre isso. Precisam *ensinar* a você como trabalhar bem em equipe.

Sem dúvida, perdemos esse ponto de extrema importância. Isso nos leva de volta à idéia do condicionamento. Nossas impressões de aprendizado e ensino são baseadas em nossas experiências na escola. O que aconteceu em nosso tempo de colégio não foi necessariamente ensino. Quanto do que aprendeu na escola você consegue lembrar e usar de verdade? Tive vários professores maravilhosos que realmente me *ensinaram*, mas, em sua maioria, eram "contadores de história" profissionais.

Ensinar é uma combinação de liderança, vendas, motivação e envolvimento. O processo de transmissão de conhecimentos, que tem origem na palavra *educare*, significa "conduzir para fora ou tirar uma coisa de outra", no sentido de formar a inteligência de alguém. Portanto, educação não significa empurrar informações goela abaixo dos alunos. Seja um professor e um líder, não um pregador!

Educação, ou aprendizado, é a prática da repetição e da descoberta. Por exemplo, quanto mais você pratica o ato de vender, repetindo-o e exercitando-o, mais você descobre como ele funciona, como aplicá-lo e como ficar rico com isso.

Muitos jogadores da liga All American de futebol americano voltaram ao Ohio State como assistentes técnicos. Pouquíssimos tornaram-se os treinadores principais em outras equipes porque, embora soubessem jogar e dar o show, não conseguiam ensinar e liderar. Essa é a grande diferença.

Tínhamos a seguinte expressão no time: "Uma vez exibido, sempre exibido." Ou seja, algumas pessoas queriam ser a estrela. Até aí, tudo bem, mas essa atitude nada tem a ver com ser um excelente professor. Ensinar está longe de fazer alarde de sua própria competência e talento. Ensinar é fazer com que todos brilhem na equipe, é ajudá-los a aprender algo que *os* tornará formidáveis. É por isso que, com raras exceções, você não costuma ver muitos treinadores de esportes profissionais que tenham sido atletas *superstars*. Essas posições requerem habilidades e mentalidades diferentes.

O segredo de ensinar as pessoas não é apenas ter conhecimento, mas mostrar a elas como aprender.

Isso nos leva ao próximo elemento da liderança...

HABILIDADE DE LIDERANÇA Nº 3:
USAR OS ERROS PARA FORTALECER A EQUIPE

Um líder formidável sabe como usar os erros para fortalecer a equipe, mas os que não têm essa habilidade podem usá-los para aniquilá-la. Isso ocorre porque fomos condicionados a pensar que os erros são ruins. Temos uma aversão natural a eles. Foi o que aprendemos na escola. Fomos penalizados e constrangidos por nossos erros e, em muitos casos, passamos por bobos por causa deles.

O treinador Hayes era bom em identificar tanto os pontos fortes quanto os fracos. Mais tarde, investiu tanto tempo da carreira concentrando-se na tentativa de corrigir os pontos fracos que isso passou a ser sua própria armadilha. Lembro-me de que, em meu último ano da faculdade, nossa equipe foi ao estádio de Rose Bowl para uma disputa sem precedentes pelo terceiro ano consecutivo contra o time da University of

Southern California. Antes do jogo, Hayes disse aos jogadores que só perderíamos a partida se cometêssemos erros.

Na verdade, ele estava tão obcecado em eliminar os erros que instilou no coração de cada jogador o medo de cometê-los. E desembestava a falar, a gritar e a xingar, e pulava sobre os óculos, e rasgava a camisa ou o boné e chegava a empurrar e esmurrar quando a equipe cometia erros durante o jogo.

Às vezes, o medo pode ser um grande motivador, mas, nos negócios e nos esportes, também pode ser um elemento destrutivo se usado de maneira inadequada. Se você ficar pensando o tempo todo: "e se eu fracassar?" ou "não tenho certeza de que posso fazer isso", tão logo aconteça um erro (o que é normal), você dirá automaticamente a si mesmo: "Está vendo? Eu lhe disse."

Nesse ponto, você entra numa roda-viva à qual dou o nome de *pânico*. O medo e as emoções se elevam enquanto a inteligência e a competência diminuem.

Um líder formidável entende essa dinâmica e ensina a equipe a lidar com as emoções, treinando a habilidade de responder bem aos erros e mostrando como converter o medo em energia e força de vontade.

Naquele jogo no Rose Bowl, entramos no estádio como favoritos a vencer por vários *touchdowns*. No entanto, a equipe entrou em campo fragilizada pelo medo de cometer erros instilado pelo próprio treinador. Esse medo foi potencializado e, ironicamente, fez com que o time cometesse mais erros.

Acabamos perdendo de 18 a 17. Foi arrasador. Não perdemos por falta de talento nem por falta de um plano ou habilidades para executá-lo. Perdemos porque a equipe foi condicionada a temer os erros de tal modo que ficou paradoxalmente fadada à derrota.

Observe sua equipe, organização ou família. Provavelmente há pessoas que temem o fracasso nesses grupos. Se o medo for forte o bastante, acabará se tornando realidade. Essas pessoas estão concentradas em vencer ou no medo de fracassar? Há uma enorme diferença entre essas duas posturas.

Como líder, saber identificar essas duas mentalidades e lidar com elas é uma habilidade crucial para formar uma organização formidável e vencedora. O que você está transmitindo às pessoas com seus atos e palavras? O que acontece quando seu filho chega em casa com notas baixas no boletim?

Você cometerá erros na vida profissional. Se ensinar sua equipe a esperar os deslizes, a aprender e até a se divertir com eles, estará oferecendo a seus integrantes uma habilidade que utilizarão para o resto da vida e que os tornará vencedores, aconteça o que acontecer. Se conseguir fazer isso com seus filhos, eles se tornarão adultos que sabem assumir riscos estratégicos e serão ótimos na solução de problemas.

Dicas para a equipe

Há três maneiras de usar os erros para fortalecer a equipe:

- Reunir-se para avaliar o desempenho durante e no final do projeto.
- Comemorar as vitórias.
- Saber como e quando pedir um tempo.

1. Reuniões para avaliação do desempenho durante e no final do projeto.

O segredo de aprender com os erros é fazer as perguntas certas. Avaliar o desempenho durante e no final de uma situação ensina as pessoas a olharem para cada episódio como uma experiência de aprendizado, não como uma tragédia. Para o líder, esse processo não significa corrigir, aconselhar, ministrar, nem mesmo consolar. O importante é formular boas perguntas, fazer com que as pessoas compreendam o que aconteceu e com que assumam a responsabilidade de aprender alguma coisa como resultado da experiência.

Use estas cinco perguntas para avaliar o desempenho durante e no final de qualquer situação:

1. **O que aconteceu?** Procure fatos, não opiniões.
2. **O que deu certo?** Esta etapa deve ser rápida e sem emissão de opiniões, se possível.
3. **O que não funcionou?** Observe o teor do que é dito aqui. Não se trata do que é certo nem do que é errado. A questão é se funcionou ou não. É preciso responder a essas duas perguntas porque elas sempre coexistem.
4. **O que vocês aprenderam? (Esta é a pergunta mais importante!)** Procure os padrões de comportamento ou resultados, não um único incidente isolado.
5. **O que é possível fazer para corrigir o problema (se é que houve um erro) ou tirar vantagem da situação (no caso de vitória)?** É necessário que esta seja a última pergunta a ser respondida. Do contrário, você poderá colocar em ação algo que poderá criar problemas além dos já existentes.

Corrigir uma situação muito específica não é produtivo ao processo. Por exemplo, imagine se o funcionário da recepção de um hotel tivesse de atender um cliente irado com o serviço do hotel. O funcionário não tem experiência alguma com clientes insatisfeitos, pois todos costumam sair do hotel satisfeitos. Essa não é uma situação que exija uma mudança de estratégia.

Entretanto, se o funcionário começar a receber reclamações ou passar a discutir com os clientes todas as noites, você saberá que existe um problema na recepção. A pergunta número 5 pode ser útil nesse tipo de situação.

A seqüência inteira pode levar segundos, minutos ou horas. Mas, depois que se torna um ritual, o questionário impõe a responsabilidade e a correção rápida, deixando as emoções de fora do processo. Ele é perfeito para reuniões de equipe ou para questionar o comportamento que não se alinha ao código. Mais importante ainda: com essas questões as pessoas não levam a situação para o lado pessoal.

É espantoso como a energia negativa e o medo se desprendem rapidamente dos erros durante essa avaliação. Em qualquer situação, o questionamento coloca a bola na quadra da(s) pessoa(s) envolvida(s) no erro ou no sucesso. Isso garante responsabilidade e permite que essas pessoas descubram respostas e estratégias para elas mesmas. A energia se eleva, a capacidade de assumir riscos acelera e os erros são verdadeiramente minimizados. Às vezes, é preciso morder a língua para não dizer o que esses colegas devem fazer, mas você pode acreditar que o melhor é deixá-los aprender por eles mesmos. Não dê o peixe, ensine a pescar.

A avaliação do desempenho durante e no final de um projeto torna os membros da equipe responsáveis. Não use essa ferramenta de maneira condescendente. Basta fazer perguntas honestamente. Assim, a pessoa *assumirá* o erro sem sentir-se um idiota. Como Bucky Fuller disse certa vez: "Se você partir do princípio de que a pessoa é esperta, ela se mostrará brilhante." Se esperar que as pessoas tenham êxito e que aprendam com seus erros, elas certamente o farão.

2. Comemorar todas as vitórias.

Uma das coisas mais importantes que você pode fazer como líder é ensinar a equipe a comemorar até mesmo as pequenas vitórias. Essa atitude reforça a atividade vencedora.

Não estou falando de adulação, mas de cumprimentar todo mundo pelo trabalho bem-feito. Essa deve ser uma atitude sincera. Você age assim com seus filhos pequenos para encorajar, valorizar e apoiar um determinado comportamento e tem bons resultados. Eles se sentem revigorados, adoram a vitória e amam você por incentivá-los — e por algum motivo não dispensamos esse tratamento a mais ninguém.

Em vez disso, começamos a pensar: "não fazem mais do que sua obrigação", "são pagos para isso" ou, de volta à coleção mental de selos, "qual foi a última ocasião em que comemoraram uma de *minhas* vitórias?".

Apreciação e reconhecimento dos esforços dos outros é um dos presentes mais poderosos que você pode dar a alguém. Na verdade, uma bateria de estudos de caso realizada pela Universidade de Harvard sobre programas de remuneração e sistemas de premiação financeira descobriu que, a longo prazo, o dinheiro não incentivava tanto o desempenho máximo quanto uma simples demonstração de apreço. Nas organizações que orientei ao longo dos anos, essa é a mudança de cultura mais singela, embora mais difícil, de ser implementada. Tente adotar um simples aperto de mãos, um "toca aqui", um elogio ou um "obrigado" de maneira constante e ficará surpreso com a energia e os resultados que verá.

3. Pedir um tempo.

Podemos aplicar aqui uma técnica muito utilizada perto do término das partidas da fase final (*playoff*) da NBA (National Basketball Association — Liga Nacional de Basquete dos Estados Unidos). Sabe por que, mesmo faltando apenas dois minutos para o fim do jogo, as equipes ainda demoram 15 minutos ou mais para acabar a partida?

Porque os técnicos sempre pedem um "tempo" para reagrupar, redefinir estratégias, discutir e fazer o possível para mudar a dinâmica e aumentar as chances de vencer. Além disso, se não houver outra razão, essas pausas servem para tirar os jogadores de uma espiral negativa.

Saber quando pedir um tempo é uma habilidade extremamente importante. Seja com a equipe, a família ou com as pessoas importantes de sua vida, é preciso saber o momento de pedir um tempo. Do contrário, a energia entra em queda, as emoções se elevam e os relacionamentos podem ser seriamente prejudicados.

Quando pergunto às organizações e equipes se discutem suas experiências, a maioria delas diz que sim, mas costuma chamar esse processo de "*post-mortem*". É de se admirar que uma expressão que significa "após a *morte*" seja usada para descrever o que é essencialmente um aprendizado. As conotações desse termo são negativas e implicam que a sua realização ocorre após o término da situação, quando já é tarde demais para corrigir qualquer problema. Então, se você pedir um tempo e reagrupar a equipe *durante* o jogo ou numa situação de muita pressão, terá a oportunidade de reverter o processo e sair bem no projeto *atual*, não somente no próximo!

Bastam alguns minutos. Se as emoções do grupo estão regendo definições cruciais, as decisões podem ser sofríveis. E se você é o líder, os outros seguirão o seu exemplo. É melhor pedir um tempo — e não precisa ser uma eternidade. No primeiro sinal de confusão, decepção, raiva, tristeza ou apatia, *pare* e peça um tempo. Você ficará impressionado em descobrir a rapidez com que a situação pode ser desanuviada e o nível de energia no qual conseguirá manter a equipe se for observador o bastante para cortar o mal pela raiz.

A propósito, você não é obrigado a saber como "consertar" todas as coisas só porque é o líder. Pensar assim é uma verdadeira armadilha. Grande parte das pessoas pode descobrir soluções se você simplesmente parar o relógio por um minuto para deixar a pressão e a emoção baixarem um pouco. Desse modo, todos recuperam a clareza de raciocínio e sua equipe volta a ser o grupo de pessoas brilhantes e capazes que sempre foi.

Isso me remete a uma outra qualidade dos líderes formidáveis...

HABILIDADE DE LIDERANÇA Nº 4:
CRIAR MEIOS DE INTERAÇÃO FREQÜENTE

Interagir freqüentemente com sua equipe — de preferência em contatos individuais, pessoalmente ou por telefone — gera confiança. Sem isso, as pessoas se dispersam, esquecem o objetivo do trabalho e distanciam-se da missão. Somos humanos e seres humanos precisam de contato. Pessoas e nomes tornam-se reais e deixam de ser apenas etiquetas do organograma. Os processos se humanizam e o espírito e a paixão da equipe tornam-se palpáveis, pois deixam de ser mais um tópico nos *bullets* de uma apresentação de PowerPoint.

Isso vale especialmente para as famílias e é a razão por que muitas não abrem mão do tradicional almoço de domingo. Essa é a ocasião em que todos os familiares podem voltar à base, colocar as novidades em dia e "recarregar" as baterias. Meu pai sempre insiste em que a família tenha uma reunião anual e todos os anos eu reclamo. Mas sabe de uma coisa? Nossos encontros dão certo. Acabamos nos divertindo e isso nos ajuda a permanecermos unidos.

Não confie em e-mails. É fácil demais. Há pessoas que dizem em e-mails coisas que jamais diriam a alguém pessoalmente. Você já recebeu um e-mail com uma atitude anexa? Se algo é importante e você deseja comprometimento, tome a iniciativa e agende um compromisso diretamente com seu colega. Você ficará surpreso. As pessoas podem "perder" um e-mail ou arquivá-lo convenientemente em pasta errada, mas não podem negar o que conversaram.

Se você não colocaria um time de futebol em campo sem antes treiná-lo, por que haveria de esperar que sua equipe alcançasse o desempenho máximo sem interagir com ela freqüentemente? Seja por meio de uma reunião rápida, um retiro, uma chamada telefônica em conferência ou um simples almoço, manter contato é crucial para o sucesso de qualquer equipe.

HABILIDADE DE LIDERANÇA Nº 5: A HABILIDADE DE VER E COMUNICAR O BRILHO E AS POSSIBILIDADES DO FUTURO

Não, eu não estou falando em percepção extra-sensorial. Estou falando da capacidade de enxergar o "panorama mais amplo" e saber qual será a vitória para a sua equipe e seus integrantes. Qual é o objetivo global? As pessoas precisam saber qual é a recompensa para se esforçarem e darem o melhor de si.

Toda equipe deve ter metas a curto e longo prazos. As metas alcançadas regularmente permitem que todos sempre tenham uma vitória a comemorar. Todo grande líder sabe que as pessoas têm o potencial de dar o melhor que podem quando estão sob pressão e adversidade. Entretanto, às vezes, isso parece impossível. Qual é a luz no fim do túnel capaz de impulsionar a equipe a vencer os obstáculos? Responder essa questão é o desafio do líder.

Os líderes formidáveis da história tiveram essa capacidade. Martin Luther King Jr. superou a maioria. Seu "sonho", ou visão de futuro, arrebata pessoas no mundo todo até hoje. Veja o que ele disse:

> Sonho que um dia esta nação se levantará e viverá o verdadeiro significado de seus princípios: "acreditamos que esta verdade seja evidente, que os homens foram criados iguais". Sonho que um dia, nas colinas vermelhas da Geórgia, os filhos dos descendentes de escravos e os filhos dos descendentes dos donos de escravos poderão se sentar junto à mesa da fraternidade...
>
> Sonho que meus quatro filhos pequenos um dia viverão em uma nação onde não serão julgados pela cor da pele, mas pelo teor de seu caráter.

Mesmo na véspera de sua morte, ele ainda tinha essa visão e anunciou:

> Gostaria de viver bastante, como todo o mundo, mas não estou preocupado com isso agora. Só quero cumprir a vontade de Deus, e Ele me deixou subir a montanha. Eu olhei de cima e vi a terra prometida. Talvez eu não chegue lá com vocês, mas quero que saibam hoje que nós, como povo, teremos uma terra prometida. Por isso estou feliz nesta noite. Nada me preocupa, não temo ninguém. Vi com meus olhos a glória da chegada do Senhor!

King sabia que oferecer essa luz no futuro traria à tona o melhor de cada um. Ele e outros líderes de seu calibre serviram de inspiração, incentivando as pessoas a agüentar a pressão e a adversidade porque somente assim aprenderiam, cresceriam e alcançariam grandes realizações.

Não me entenda mal. Para ser líder, você não tem de ser um Martin Luther King Jr., mas precisa dar o exemplo. Um grande líder está disposto a enfrentar desafios, lidar com infrações e encarar a adversidade para corresponder ao seu potencial e ao da equipe.

Um líder tem as habilidades de comunicação, persuasão e vendas. Martin Luther King Jr., John F. Kennedy, Gandhi, Eleanor Roosevelt e outros grandes líderes da história venderam sonhos e visões a milhões de pessoas. Liderança é vender aos outros o ideal de ser o melhor indivíduo que podem ser. Em um discurso sobre o programa espacial, John F. Kennedy declarou o seguinte:

> Mas por que a Lua, dirão alguns? Por que escolher uma meta como essa? Por que escalar a montanha mais alta? Por que atravessaram o Atlântico 35 anos atrás? Nós decidimos ir à Lua. Entre outras coisas, decidimos ir à Lua nesta década. Escolhemos esses desafios não porque sejam fáceis, mas porque são difíceis. Porque *esse objetivo* servirá para organizar e medir o melhor de nossas energias e habilidades. Porque estamos dispostos a aceitar esse desafio e não iremos adiá-lo. Venceremos esse e os demais desafios também.

Kennedy desafiou o público americano com uma missão que seria difícil, dizendo que teríamos de dar o melhor de nós para cumpri-la. Você não gostaria de fazer o mesmo com sua equipe? Com seus filhos? Com você mesmo?

HABILIDADE DE LIDERANÇA Nº 6: A HABILIDADE DE VENDER

A capacidade de vendas é inerente a todo grande líder nos negócios, na política, nos esportes ou na família. Vender não é apenas fechar negócios com os clientes. Essa habilidade implica exercer forte influência sobre fornecedores, credores, investidores, equipes e órgãos reguladores em prol da equipe. Você precisa primeiro se convencer para criar a confiança e a coragem necessárias para a liderança. No livro *Vendedor Rico*, afirmo que todos são capazes de vender. A questão é vender uma convicção, uma atitude, o código ou simplesmente vender idéias para a equipe. Além disso, é preciso vender a filosofia do esforço ou do trabalho em equipe para outras equipes e outras autoridades. Você se torna o porta-voz do grupo. Geralmente, as pessoas com melhores habilidades de vendas acabam dirigindo a organização. A forma mais importante de liderança em vendas é fazer as pessoas acreditarem em si mesmas, promovendo a autoconfiança, a força e o entusiasmo delas.

CAMPEÕES DO CÓDIGO

Finalmente, quando se trata do Código de Honra, a mais elevada forma de liderança é ter a disposição de cair em si e assumir que violou o código. Você já deve ter ouvido que vale mais o exemplo que o preceito. Então, dê o exemplo. Em resumo, se você tiver coragem de tomar essa atitude, os outros o levarão a sério e se sentirão inspirados por sua humildade e sua força. Mostrar vulnerabilidade e responsabilidade publicamente é uma demonstração de liderança inacreditável. Entretanto, o medo do constrangimento impede que a maioria dos políticos, dos líderes empresariais e das pessoas exerçam esse poderio de suma importância.

Um líder deve tornar-se um campeão do código e a maior demonstração disso é aplicar o código em si mesmo. Um líder não é o policial do código, mas um defensor que se dedica a ele de corpo e alma. Se um líder assim precisar conduzir sua equipe num futuro difícil e incerto, o grupo estará certo de que o código prevalecerá quando as coisas apertarem. Sem isso, cada um recorrerá ao seu próprio código, que talvez não sirva para mais ninguém.

Checklist para a equipe

Trabalhe em sua habilidade de:

1. Identificar e potencializar os pontos fortes das pessoas.
2. Ensinar os outros a ter sucesso.
3. Usar os erros para fortalecer e engrandecer a equipe.
4. Interagir freqüentemente com as pessoas para desenvolver o relacionamento, a constância e, acima de tudo, a confiança.
5. Promover um futuro brilhante, porém realista, para a equipe.
6. Vender.

TODOS PODEM SER LÍDERES

Afirmo que todo mundo pode liderar e que todos lideram em algum momento da vida. Não são todos que podem estar à frente de uma corporação multinacional e nem todos são capazes de chefiar uma família de cinco pessoas. Entretanto, cada um tem a oportunidade de ser líder em seu mundo. Há centenas de livros sobre liderança. Há "líderes nível cinco",* líderes servis, líderes carismáticos, e assim por diante. Alguns impulsionam a equipe, outros a puxam para cima e há ainda os que inspiram a equipe trabalhando com ela... E não pára por aí.

Acredito no que chamo de "Roleta da Liderança". Mais cedo ou mais tarde, a bola cairá no seu número e você terá a chance de dirigir, inspirar, apoiar, ensinar ou aconselhar. Alguns esperam que essa sorte se repita. O que importa é que, naquele momento, você tenha a coragem de se manifestar e liderar. Talvez você não seja um daqueles líderes "da moda", mas isso não o impede de ser líder.

Todos nós nascemos com dons naturais e temos a missão de descobri-los e desenvolvê-los nesta vida. Quando isso acontece, tornamo-nos líderes. Não por querer, mas porque é natural fazer aquilo em que nos destacamos. A partir de então, as pessoas nos seguirão para aprender.

Para estabelecer uma grande equipe, você precisa liderá-la e não ser o líder designado, embora essa possa ser a sua situação. De qualquer forma, você terá de vender suas idéias, ensinar as pessoas como melhorar e reagrupar sua equipe. Neste capítulo, vimos que, para liderar, não é preciso ser um Lee Iacocca, nem um técnico de um grande time de futebol. Também não é preciso ser nenhum super-homem para aprender ou usar as habilidades de liderança. Entretanto, sempre que fizer uso de uma delas, estará liderando.

---

* *Nota da Tradutora*: Do livro *Empresas Feitas para Vencer*, de Jim Collins.

Exercícios de liderança para a equipe

1. Ouça discursos impactantes de grandes líderes. Ouça as palavras, as estratégias e as motivações. Use aquelas que funcionarão para você.
2. Sempre pratique o modelo de "avaliar o desempenho durante e no final dos projetos" e ensine-o aos outros. Observe a mudança em termos de responsabilidade.
3. Descubra maneiras simples de reconhecer as vitórias, sem grande estardalhaço, mas com uma energia boa. Dê um aperto de mão, faça um gesto de vitória etc. Pratique essa atitude sem tentar adular.
4. Peça um tempo pelo menos duas vezes na próxima semana e reúna-se com a equipe.

CAPÍTULO 7

O maior impacto do código

Há várias razões para instituir um Código de Honra. Como já disse, um dos motivos é definir os padrões de comportamento e conduta para a equipe. Para um desempenho mais elevado, regras mais rígidas. O código elimina a arbitrariedade daquilo que se espera do grupo. Esse conjunto de normas recebe o nome Código de "Honra", pois todos levam as regras a sério, encarando-as com comprometimento e responsabilidade. Em outras palavras, agimos conforme falamos. O código é o nosso emblema de honra.

O outro motivo é ainda mais abrangente e impactante. As equipes, as famílias, as empresas, as culturas ou as nações precisam de um código porque as ações de seus integrantes afetam a vida dos outros. É isso mesmo. A despeito do que você pensa, suas ações individuais atingem a vida das outras pessoas, direta ou indiretamente. Ninguém vive em completo isolamento. Tanto o fato de você aderir aos padrões e às regras quanto o de violá-los repercutem nas pessoas ao seu redor.

Veja o simples exemplo da regra "ser pontual". Quais são as conseqüências de chegar cinco minutos atrasado? Isso é assim tão catastrófico? Bem, talvez não, mas o real problema é que essa atitude afeta o tempo e a energia de outras 15 pessoas que estão esperando por você há cinco minutos. Além de improdutivo, esse comportamento acaba roubando quase uma hora das pessoas que consideram seu tempo um bem precioso. E mesmo que não estejam efetivamente esperando por você, a "voz interna" de cada uma delas dirá: "O que está acontecendo com fulano? Ele está ou não compromissado com essa questão? Será que ele se esqueceu da reunião? Gostaria que todos jogassem pelas mesmas regras", e assim por diante. Isso é uma perda de boa energia mental.

Imagine que uma de minhas regras pessoais seja "falar diretamente com a pessoa". Ou seja, se tiver um problema com fulano, eu o resolverei diretamente com ele. Essa regra consiste em eliminar qualquer tipo de fofoca, deslealdade e comentários depreciativos com os colegas a respeito dessa pessoa. No entanto, imagine que ocorra uma certa tensão entre mim e meu cunhado e eu deixo passar. Tento me convencer de que as únicas pessoas realmente afetadas pelo problema são eu mesmo e, quem sabe, ele. Mas isso não é verdade porque esse mal-estar passou a afetar o relacionamento de minha esposa com o irmão dela, o dos meus filhos com aquele que provavelmente é seu tio preferido e com os filhos dele. Entende o que estou dizendo?

Isso também acontece em quase todas as equipes que não tratam diretamente de problemas como esse. Tal atitude afeta a produtividade, cria tensão e faz com que os outros acabem pisando em ovos para não criar aborrecimentos quando os envolvidos no conflito estão presentes ou quando as questões não-resolvidas pairam no ar. Que desperdício de energia!

Tudo o que você faz afeta as pessoas ao seu redor de alguma forma. Nunca duvide da importância de criar e sustentar suas próprias regras. Agindo assim, você passará a mensagem de que seus sentimentos são importantes. À medida que você ou sua equipe alcançam o poder e o sucesso definitivo, os outros passam a vê-los como um modelo.

Os esportes criam exemplos clássicos disso. Imagine se, duas noites antes de uma grande partida de futebol, a estrela do time violar o código da equipe. O risco é muito alto e o treinador terá de tomar uma decisão. Deixará o jogador entrar em campo e fará vista grossa ou aplicará as regras e deixará esse jogador no banco? A pressão é grande.

A mídia, os comentaristas e os torcedores irão deitar e rolar com tal controvérsia.

E chega o dia do jogo. Dois times excepcionalmente talentosos entram em campo para iniciar a partida. O treinador, após muita reflexão, decide colocar a estrela em campo. Adivinhe que time leva vantagem? O adversário. No primeiro tempo do jogo, nossa estrela apresenta um desempenho pífio. Não bastasse isso, a equipe joga sem o menor entrosamento, por algum motivo estranho. Resultado: acabam levando a pior. Mas os jogadores não perderam apenas a partida, perderam sua honra.

O treinador teve a oportunidade de fazer uma declaração, de mostrar liderança e moldar o caráter, mas sucumbiu à pressão de vencer a qualquer preço sem pensar na repercussão de sua decisão sobre os outros jogadores. Em vez disso, passou a mensagem de que as regras não são importantes: se você for uma estrela, poderá se livrar do código criando suas próprias regras. Essa situação criou atritos na equipe, tirou a concentração dos jogadores e maculou a reputação de um treinador e seu esquema tático de primeira linha.

Perder o jogo foi apenas um dos resultados. E os milhares de jovens que desejam ser atletas e que se espelham nos jogadores? Que mensagem foi passada a eles? Então, se você é uma estrela está acima de qualquer regra? Como pode ver, posso enumerar uma série de conseqüências, mas o resultado final é que a decisão de não defender as regras afetou muito mais vidas do que as que estavam em campo naquele dia.

Exemplos como esse são encontrados nos esportes, nos negócios, no entretenimento e na política. A questão é, como as suas decisões e, em especial, sua adesão ou não ao código afetam os outros?

Isso nos leva a uma outra parte importante do Código de Honra: ele é uma declaração de identidade da equipe, da família ou da pessoa. Cada decisão sua tem algum efeito, positivo ou negativo, nas pessoas. O código não apenas policia a equipe, mas garante um impacto positivo na comunidade, no mercado e em todas as coisas vivas, direta ou indiretamente.

Para uma pequena empresa ou uma organização recém-inaugurada, isso é crucial. A declaração feita pelas ações de sua equipe posicionará a empresa no mercado. Se você mantém altos padrões internamente, mas trata os fornecedores, os associados e os outros de maneira sofrível ou desonesta, não sobreviverá muito. O código criado para a equipe deve ser o mesmo que sua empresa usa no mercado.

Se você professa a manutenção de determinados padrões para a empresa, mas permite que as regras sejam burladas, acabará passando várias mensagens para o mercado: que não cumpre a sua palavra, que não é confiável e que determinadas pessoas estão "acima das regras".

Mais importante ainda, se muitas empresas não seguirem seu próprio código, estarão dizendo ao mercado inteiro que as regras não são importantes. O problema é que as impressões acabam se concretizando. Se você viola as regras, os outros acabarão violando as normas contra você. Ou seja, você abrirá um precedente no mercado.

Os Estados Unidos foram fundados com base num forte Código de Honra, chamado Declaração da Independência e, subseqüentemente, Constituição. Os Founding Fathers (pais fundadores) assinaram esse documento, colocando em risco suas próprias vidas. Como tantas outras nações, temos um código forte, mas o que acontece quando essas regras são violadas por muitas pessoas que foram eleitas para defendê-las e apoiá-las?

O país vira uma verdadeira bagunça. Posso dizer honestamente que não sou nenhum santo e que enfrento dificuldades na vida quando cometo algum erro grave. Como qualquer pessoa, peguei atalhos, voltei atrás em alguma promessa e não me senti nada bem com essas situações. Contudo, uma das regras de meu código diz que devo chamar minha própria atenção quando me comportar dessa forma, que estarei disposto a isso e também a corrigir qualquer erro que tenha cometido.

A forma mais elevada de liderança é estar disposto a assumir suas próprias violações às regras e pedir desculpas publicamente. Nos Estados Unidos, o comparecimento às urnas é um dos menores do mundo porque muitos eleitores perderam a fé em seus políticos. Não que todos os políticos sejam maus. Mas, infelizmente, os que agem de má-fé e violam o código, quebram mais do que regras: eles abalam a confiança do povo.

Para conquistar confiança, é preciso cumprir a palavra. Ou seja, quando você viola o Código de Honra e, especialmente, quando não corrige seu erro diretamente, macula a confiança de sua equipe e de outros grupos que interagem com você. Com essa atitude, você pode passar a mensagem de que não é confiável. Conquistar a confiança requer tempo, consistência e cumprimento das promessas. Uma vez quebrada, é muito difícil restaurar a confiança.

No caso da maioria dos escândalos corporativos, não se trata de ter um código ou regras, a questão é se as normas foram seguidas e se alguém fez valer o código. Todo mundo pensa: "Se trapaceiam nos relatórios financeiros, onde mais irão trapacear?"

Alguns chamam isso de ética e essa é uma palavra de grande carga emocional. Prefiro dizer apenas que, para medir o valor e o poder de uma decisão ou ação, basta observar o número de pessoas, empresas e comunidades afetadas positiva ou negativamente por ela. Esse é um fator crítico não só para o sucesso de sua empresa, mas também para a sua reputação.

Quanto maior o número de grupos beneficiados, melhor a ação ou a decisão. No caso daquele jogo de futebol, a determinação do técnico de colocar o jogador-estrela em campo pareceu ser benéfica para ele e para o atleta. Contudo, ela afetou negativamente a equipe, a tática, a universidade e os jovens torcedores. Portanto, o código existe para garantir que, em momentos de pressão, façamos o que for melhor para todos a longo prazo.

Infelizmente, posso usar os esportes para citar inúmeros exemplos nos quais as violações às regras da equipe resultaram em impacto negativo no desempenho do time. Posso citar também vários exemplos de treinadores formidáveis que transformaram times fracassados em equipes vencedoras, implementando e impondo regras práticas e simples, bem como normas pessoais de conduta, antes inexistentes, mantendo os mesmos jogadores.

Cada decisão que você toma na equipe e até as que toma para si mesmo têm efeito reverberante. E sabe quais são as repercussões? Quanto mais grupos e indivíduos são beneficiados, inspirados e motivados pela decisão, mais positiva ela é.

Dica para a equipe

É possível medir o valor e a força de uma decisão observando o número de pessoas, empresas e comunidades afetadas positiva ou negativamente por ela. Esse é um exercício crítico não só para o sucesso de sua empresa, mas também para a sua reputação.

Pergunte a si mesmo se as políticas e as ações da sua empresa beneficiam a sua organização, mas prejudicam outras. Quanto mais grupos forem afetados negativamente por elas, menos apoio você receberá em contrapartida. Se você tratar seus fornecedores de maneira injusta, a fim de melhorar sua própria lucratividade, as empresas mais respeitadas deixarão de fechar negócios com você. Sem falar no ressentimento e na sede de vingança que podem surgir de áreas inesperadas.

Por outro lado, quanto mais pessoas, grupos e entidades você apóia, honra e beneficia, mais mercados e comunidades o recompensarão. Se a sua empresa defender os esforços positivos da comunidade, patrocinar iniciativas educacionais ou se empenhar em retribuir o que a comunidade lhe oferece, você atrairá outras empresas e clientes com a mesma mentalidade.

Uma empresa constrói uma fábrica, cria mais empregos e aumenta a lucratividade, beneficiando assim os acionistas. Até aí, tudo bem. No entanto, essa mesma corporação trata mal seus funcionários e seu *staff* tem alta rotatividade. Além disso, está envolvida em disputas com os órgãos de proteção ao meio ambiente, em virtude de suas práticas operacionais duvidosas. O futuro de uma empresa como essa será incerto se ela não corrigir seu *modus operandi*.

Você já viu empresas ou pessoas que pareciam ser bem-sucedidas, mas que tinham reputação de conseguir o que queiram à custa dos outros? Qual é o fim delas? Verifique o histórico de cada uma.

Suas regras devem levar em conta outros fatores além da lucratividade, se você deseja manter a sustentabilidade a longo prazo. Se disser que pretende operar com justiça e respeito ao próximo, é melhor que essa decisão valha para todo mundo, não apenas para seus clientes.

Por exemplo, há empresas como a J.M. Smucker & Co., nos Estados Unidos, que recentemente foi classificada como uma das "Melhores Empresas para se Trabalhar" pela revista *Fortune*. A cultura dessa empresa inclui objetivos como "Ouvir com toda a atenção, procurar o lado bom das pessoas, ter senso de humor e agradecer sempre por um trabalho bem-feito".

Empresas assim têm um código desenvolvido não apenas para alcançar lucratividade e desempenho máximos, mas também para tratar seus próprios funcionários de modo com que eles sintam que também estão ganhando. Elas sabem que isso é bom para os negócios.

Há empresas de sucesso como a norte-americana Ben & Jerry's Ice Cream que, desde sua fundação em 1978, dedica 7% dos lucros antes dos impostos a fundações responsáveis por outras organizações sem fins lucrativos. Essa rede de sorveterias destinou parte do fluxo das receitas de algumas linhas de produtos à proteção do meio ambiente. Embora tenha sido encampada pela Unilever, a empresa ainda mantém a prática de retribuir às comunidades locais, de defender as questões ambientais e de tratar seus funcionários como uma família.

Na organização do Pai Rico, o jogo CashFlow para crianças é oferecido gratuitamente a qualquer escola ou instituição de ensino nos Estados Unidos disposta a ajudar os jovens a obterem uma educação financeira.

É grande a lista de empresas excepcionais que tomaram uma decisão consciente no sentido de garantir que todas as partes sejam beneficiadas com suas práticas, suas políticas e seus lucros. Suas regras se aplicam a todos que têm contato direto ou indireto com elas. Nessa lista, estão aquelas empresas para as quais as pessoas adoram trabalhar, aquelas que prestam serviços voluntários de várias maneiras para ajudar as comunidades locais e aquelas que destinam parte de seus lucros para atender a uma série de questões, fundações e causas públicas importantes.

O interessante é que a maioria dessas excelentes empresas incluídas nas listas dos "melhores..." tem valores e regras explícitos em seus códigos que descrevem quem elas são.

O código foi criado para proteger seus integrantes de tratamento e comportamento prejudiciais, bem como para resguardar e beneficiar também as pessoas que não fazem parte da equipe. As instituições excelentes e longevas do mundo mantêm-se vivas por meio da coerência de seu Código de Honra. Isso vale tanto para nações, religiões, corporações multinacionais quanto para aquela pequena oficina mecânica da esquina. Entretanto, se brechas e incoerências começam a se infiltrar, a dúvida, o cinismo e a falta de respeito vêm à tona. Estou certo de que você pode citar seus próprios exemplos.

Então, como você pode fazer a mesma coisa com a sua equipe?

Quando definir as condutas, as regras e o código, tome uma decisão consciente para garantir que a empresa, a equipe, os fornecedores e os clientes vencerão. Mas, se quiser desfrutar do inigualável apoio de verdadeiros fanáticos, garanta que sua comunidade também ganhará. Sei que isso pode parecer piegas, mas as melhores empresas fazem o melhor que podem para retribuir às comunidades tudo aquilo que recebem delas. Quanto maior o jogo, maior a torcida.

As famílias extraordinárias também seguem esse modelo. Se você pedir para os seus filhos não mentirem, mas se você próprio sonegar impostos ou não cumprir o que prometeu, eles aprendem com as suas atitudes e talvez perpetuem essa postura com os outros. Ações falam mais do que palavras.

Crescemos de acordo com regras que não entendíamos na época. Para mim, muitas delas pareciam um fardo, contra o qual eu me rebelava continuamente. Mas traziam a mensagem de como "fazer o melhor pelos outros", como diziam meus avós. Essas regras foram os princípios orientadores que tiraram meu avô da pobreza para a prosperidade, permeando cada decisão nos negócios. Essa é mensagem que me guiou nos negócios e na minha vida pessoal e que tem motivado milhares de outras empresas.

Que mensagem você instila em sua família, na sua empresa, na sua equipe ou em você mesmo? Qual é o código? Seja você quem for, seu código tem um impacto nos outros — em seus fornecedores, clientes, na comunidade e no mercado como um todo. Ficamos envolvidos de tal forma em tomar as decisões certas para nossa equipe ou empresa que às vezes nos esquecemos de como o nosso comportamento afeta as pessoas.

Seu código precisa ser aplicado não apenas em seu benefício próprio, mas para as várias pessoas que cruzam o seu caminho direta ou indiretamente. Seu código é a sua reputação, o seu legado, uma declaração da grandeza da sua missão e de como você atinge um número elevado de pessoas. Quanto mais positivo for o seu impacto nos outros, mais você será beneficiado.

Exercício para a equipe

Reveja as suas regras.

1. Quantas entidades diferentes são beneficiadas por essas regras?
2. Observe a sua comunidade. Há empresas ou pessoas que parecem ter sucesso, mas que têm a reputação de consegui-lo à custa dos outros? Quais são as repercussões disso?
3. Como você deseja que as pessoas vejam a sua empresa?
4. Discuta exemplos de organizações que criam efeitos reverberantes positivos em várias outras empresas.
5. Que mensagem as suas regras passam para as pessoas associadas a você?

CAPÍTULO 8

Garantindo responsabilidade, lealdade e confiança

Basicamente, criar um Código de Honra significa definir padrões de comportamento e desempenho para você e para a sua equipe. Entretanto, é preciso decidir o nível de exigência desses padrões. Você pretende caminhar um quilômetro por semana ou correr mais de um quilômetro por dia? Qual é a flexibilidade do seu código? Qual será o patamar de seu desempenho? Você quer dirigir um Chevy Nova ou pilotar um F-18?

Regras e padrões são inúteis se as pessoas não estiverem dispostas a cumpri-los. A maneira mais fácil de manter as pessoas responsáveis pelo código é fazê-las acompanhar suas atividades e seus resultados de maneira quantificável, ou seja, controlá-los por meio de estatística.

Eu explico.

Sempre me perguntam qual é o fator motivador mais importante em vendas. Eu geralmente dou uma risada e digo que são as reuniões semanais de vendas. As pessoas me olham de modo estranho, pois esperam que eu dispare alguma estratégia, tática ou técnica astuta. As coisas são bem mais simples nesse aspecto do que se imagina.

Quando comecei a ensinar sobre vendas, na Burroughs anos atrás, tínhamos uma reunião de vendas às oito horas, todas as segundas-feiras. Não havia discursos inflamados, comunicados de programas de incentivo, palestrantes convidados, treinamento ou coisa que o valha.

Nossas reuniões consistiam em abrir a planilha de prospecção, colocá-la na parede e falar sobre cada cliente potencial diante do grupo, explicando a situação, em que estágio se encontrava a venda, quanto tempo faltava para fechar o negócio e o que era necessário para tanto. Cada vendedor também deveria informar ao grupo quanto venderia naquela semana, onde e como conseguiria descobrir mais *leads** qualificados.

Coitada da pessoa que tivesse o mesmo cliente potencial por mais de duas semanas seguidas. Seria colocada para fora sob vaias e assobios. Juro que as atividades de vendas aumentavam nas quintas e nas sextas-feiras porque ninguém queria aparecer na reunião de segunda-feira com os velhos clientes potenciais ou as mesmas estratégias esfarrapadas.

A questão nem era o dinheiro. Éramos motivados pela perspectiva da humilhação pública (está lembrado do medo número 1?). E olha que funcionava! Sabe o nome disso? Responsabilidade.

Isso é ser responsável pelos resultados e acordos firmados. Não sou grande defensor da total humilhação pública, pois o que torna uma equipe e seus integrantes campeões é a responsabilidade. Você está disposto a responder por seus resultados, sejam eles bons ou ruins? Você tem um compromisso com o aprendizado, com sua família, seus amigos e com sua equipe? Você consegue fazer promessas e projeções e ser responsável pelo sucesso, pelos erros e fracassos?

Nunca conheci um atleta ou profissional formidável que não tivesse algum grau de responsabilidade. Uma vez que você se dispõe a definir padrões e fazê-los valer para si mesmo e a equipe, o patamar do jogo se eleva. Isso é o que acontece quando você aplica o código.

Então, por que as pessoas não desejariam ser responsáveis? Bem, porque às vezes isso é difícil. Ninguém quer olhar-se no espelho e admitir que não correspondeu às expectativas ou que provavelmente não cum-

---

* *Nota da Tradutora:* Nomes e endereços de pessoas (prospects) que responderam a uma questão de resposta direta, indicando interesse em determinada oferta que pode conduzir a futura venda direta de um produto ou à visita do vendedor.

priu as metas. A maneira mais fácil de evitar o fracasso é nunca colocar-se em posição passível de derrota. Agora, o modo mais simples de fracassar é não estabelecer padrões, livrando-se, assim, do cumprimento deles. Sem responsabilidade, você não precisa nem se olhar no espelho.

Se eu digo a mim mesmo que preciso emagrecer, mas não consigo me arrastar para a aula de ginástica, é muito mais fácil culpar minha agenda estressante e todas as pessoas que esperam coisas de mim do que simplesmente admitir que sou preguiçoso. Certo? Responsabilidade pode ser incômoda, constrangedora e difícil, mas também pode fazer com que você se sinta orgulhoso e realizado. Afinal, se você souber que não sou responsável nem por mim mesmo, desejará que eu faça parte de sua equipe?

Em todos os níveis, a excelência é fruto da responsabilidade. Como pai, cônjuge, empresário, líder, colega ou amigo, analisar honestamente as suas ações e ter uma atitude responsável para com eles determinam a qualidade e os padrões da sua vida. O código é a forma explícita disso tudo. Evocar o código para você e para a sua equipe dá a todos a oportunidade de melhorar e prosseguir.

Nos esportes, o treinador, os companheiros, os fãs e as estatísticas o mantêm responsável. Os números não mentem. Não há meio-termo. Ou você correu um quilômetro ou não correu, ou você cumpriu seus acordos ou não. E os grandes atletas sabem, melhor do que ninguém, se precisam de uma advertência ou não.

A lealdade é fruto do respeito; o respeito, da responsabilidade; e a responsabilidade, do compromisso com a equipe, com o código e com a aplicação dele.

Há poucas maneiras de garantir a responsabilidade, o compromisso e a lealdade em sua equipe.

ESTATÍSTICAS

Cada membro da equipe precisa manter-se informado sobre as estatísticas em termos de resultados e atividades mensuráveis, pois assim poderá acompanhar a evolução de seus pontos fortes e fracos de uma semana para a outra. Sem estatísticas, não há resultados!

O que eu quero dizer com estatísticas? O Código de Honra de um dos meus clientes do setor de marketing de rede determina que os integrantes da equipe compartilharão suas agendas de compromissos semanalmente. Assim, podem mostrar os níveis de atividade — com quem e com que freqüência têm se encontrado, quantas pessoas têm sido contatadas etc. — e prestar contas à equipe. Nesses encontros, são definidas metas para as diferentes atividades que, em seguida, são atribuídas aos respectivos membros. Essa dinâmica é reveladora e um tanto incômoda, mas permite apoio e crescimento.

Dica para a equipe

A responsabilidade é demonstrada pelas "estatísticas". Sem estatísticas, não há resultados.

Imagine que um dos integrantes da equipe definiu a meta semanal de fazer cem novas ligações e cinco apresentações. Se, ao analisar as atividades dele, a equipe descobrir que a meta de ligações tem sido ultrapassada, mas que a das apresentações não tem sido cumprida, poderá cogitar se o problema é a abordagem do colega. Desse modo, fica mais fácil orientar a pessoa ao sucesso.

As estatísticas também revelam vitórias a serem comemoradas, como a superação de metas além do estabelecido, e os possíveis problemas, como a conversão de contatos iniciais em apresentações ao vivo.

Além disso, os padrões passam a ser observados ao longo do tempo. Às vezes, tentar mudar os padrões de comportamento é como observar a grama crescer. Uma tarefa lenta e enfadonha, certo? Sentimos que levará uma eternidade e que nada está acontecendo. Então, fazemos o quê? Ficamos mortificados se algo não se altera rapidamente ou mudamos as estratégias antes do tempo certo para a tática inicial funcionar.

Pense no seu último plano para emagrecer. Você fez ginástica diariamente, cortou o consumo de doces, comeu saladas no jantar e começou a se pesar todos os dias, na expectativa de ver mudanças. Então, quando não conseguia diminuir o peso, você morria de culpa por causa do biscoito de ontem. Entretanto, se você desse um tempo e passasse a se pesar semanalmente, mantendo o registro do seu comportamento diário, após seis meses poderia fazer um retrospecto e perceber que perdera alguns quilos e porcentagem de gordura corporal, certo? Talvez até descobrisse que sua energia aumentara nesse período ou, graças à observação de seu próprio comportamento, perceberia que tem uma tendência a comer mais quando está estressado. Em resumo, esse acompanhamento ensina muito a seu respeito.

A realização de estatísticas permite observar padrões, medir o progresso e resolver problemas. Sem elas, você se sente desmotivado, não reconhece as suas vitórias e, o mais importante, esquece o quanto já avançou. Sem registros, você jamais se lembrará do que, do quanto e de como comeu seis meses atrás.

O segredo não é apenas manter os números finais, mas mensurar as atividades. Você mudou de abordagem? Obteve ajuda? O que aconteceu naquele dia? Ter um controle de suas atividades permite observar o comportamento e o progresso, ou a falta dele, ajudando-o a obter a orientação adequada.

Em uma equipe de verdade, as pessoas apóiam umas às outras incondicionalmente, sem constrangê-las a agir. Muitas pessoas têm medo de dar satisfações e de fazer parte de uma equipe excelente, pois receiam não passar pelo crivo. Sofrem a ação daquela "voz interna" condicionada a pensar que o feedback é algo pessoal, doloroso e prejudicial. Quanto mais retorno você tiver, mais facilidade terá em recebê-lo. Se evitá-lo como uma praga, será uma experiência cada vez mais difícil receber os raros feedbacks que virão e você os evitará cada vez mais.

Dica para a equipe

Quanto mais feedbacks você aceitar, mais fácil será recebê-los.

Isso tem a ver com ser apoiado e incentivado por uma equipe que tem os melhores interesses em mente. Em uma das organizações com as quais trabalhei, a idéia de usar um jogo para trabalhar a questão da prestação de contas resultou na criação do "futebol da fantasia", no qual as pessoas eram colocadas em times que ganhavam pontos pelas atividades e pela prática de vendas. Esses pontos eram compilados em um software que colocava as equipes em torneios para ver qual delas teria a maior pontuação. Esse simples advento elevou os níveis de atividade em cerca de 400%!

As pessoas eram motivadas pelos companheiros de equipe de duas maneiras. Primeiro, se alguém não conseguisse acompanhar o ritmo, os colegas corriam para ajudá-lo imediatamente, pois todos tinham algo a ganhar no final. Segundo, como ninguém queria desapontar os colegas, todos empregavam um esforço dobrado para ser "agraciado com a honra" de participar de uma equipe formidável.

Sem a prestação de contas, há poucos subsídios para mensurar o seu progresso e o dos outros. Isso nos remete novamente à necessidade de saber quem está na equipe. Não se vence um campeonato sem estar disposto a assumir a responsabilidade. Estatística é um recurso muito simples. O saudoso Dr. Edwards Deming, guru da gestão da qualidade, resumiu o conceito de maneira bem simples: "Se algo pode ser mensurado, pode ser melhorado." Isso vale tanto para produção quanto para desempenho e comportamento humano.

Lançar mão de estatísticas não significa ser bem-sucedido. Ninguém vence sempre. Entretanto, se estiver disposto a entrar na linha, a mágica acontecerá. Os números subirão, mais pessoas comparecerão e seus rendimentos aumentarão. Por isso, para alcançar o sucesso, é preciso ter uma equipe que chame sua atenção quando você deixar de prestar contas do que foi combinado, mas que também dê um alegre "toca aqui" para comemorar suas realizações.

COMPROMETENDO-SE COM A EQUIPE

Certa vez, um mentor disse algo que tornou-se parte do meu código pessoal: "Um dos segredos da excelência é cercar-se de pessoas que exijam mais de você do que você mesmo."

Você tem amigos que dão uma força quando você precisa, que estão dispostos a dar um empurrão quando você está prestes a desistir e que chegam até a ser duros quando você decepciona a si e aos outros? Cercar-se de colegas assim é o modo mais rápido de mudar a sua vida e as suas estatísticas.

Como membro da equipe, você tem o respaldo dela. A liberdade de um cobrar do outro o cumprimento do que foi combinado é a forma mais elevada de responsabilidade. Ao entrar em "contrato" com o Código de Honra, você assumirá o compromisso com os integrantes da equipe e não decepcionará a si nem aos outros, fazendo o que for necessário, não importa o que, para que o grupo possa cumprir sua missão com êxito.

Reflita sobre o quanto *você* e sua equipe estão comprometidos uns com os outros. Hoje em dia, as pessoas vivem passando de uma equipe para a outra, de um emprego a outro, a fim de encontrar uma "situação melhor", um salário ou uma oportunidade mais atraente, mas não percebem que, sem ser fiel e totalmente compromissado a alguma coisa, nem elas nem a equipe conseguirão melhorar. É importante descobrir isso.

Quando consegui meu primeiro trabalho em vendas, assumi comigo mesmo o compromisso de manter-me na empresa de três a cinco anos, a despeito do que houvesse. Queria aprender a vender e sabia que, se não desse essa chance a mim mesmo, nunca saberia o que aprenderia nem quanto sucesso conquistaria por meio dela. Certamente, havia produtos e planos de comissão melhores, mas essa não era a questão. O objetivo era desenvolver disciplina sem distrações, ser capaz de "agüentar a pressão" de qualquer desafio que surgisse no caminho e simplesmente tirar até a última gota de todo treinamento, experiência e *mentoring* disponíveis naquela corporação.

É preciso exigir de si o comportamento que se deseja ter, e cobrar a equipe da mesma forma. Do contrário, acabará com "o abacaxi na mão". Por que razões você exigiria menos dos outros do que de si mesmo? Essa é uma atitude medíocre e até desleal com você e sua equipe. Se alguém não cumprir um compromisso assumido com o grupo, os outros pedirão satisfações. Da mesma forma, haverá reconhecimento para os que cumprem os acordos. Essa atitude eleva a energia, o comprometimento, o desempenho e a velocidade do grupo, tornando o trabalho mais interessante.

LEALDADE

Quando falo sobre Códigos de Honra, aplicação das regras, prestação de contas e cumprimento de acordos, algumas pessoas perguntam: "Por que tanta rigidez? Parece que você está tentando conduzir todos os grupos como se fossem um time de futebol ou um agrupamento militar!"

Não se trata disso. A verdade é que, quando os limites são firmes, é muito mais seguro atuar livremente dentro deles. As pessoas sentem-se à vontade para falar o que pensam, para fazer loucuras, trazer idéias inovadoras, comemorar as vitórias, reconhecer e agradecer aos outros e ter uma atitude honesta para com a equipe. Quando isso acontece, cria-se um clima de empolgação, diversão e paixão.

Nesse ambiente, a confiança é abundante. Você realmente sabe que conta com o respaldo de todos e com o reconhecimento de cada ação legítima em favor da equipe.

Essa atitude também fomenta a lealdade e a disposição de servir aos outros, de resistir à tentação de ir atrás de oportunidades sedutoras mas inviáveis à custa dos outros.

Se você não tiver a lealdade dos seus amigos e companheiros de equipe, exija isso deles. E, acima de tudo, cobre isso de si mesmo. Cumpra a sua palavra e seja leal às pessoas importantes de sua vida. Dê exemplos que transmitam aos outros quem você é.

Onde está a sua lealdade se, como pai, disser ao seu filho de oito anos que estará em casa às cinco horas da tarde para jogar bola com ele, mas decidir que será mais divertido parar num barzinho no caminho de casa para tomar algumas cervejas? Que mensagem você está passando para ele? O que seu filho de oito anos aprenderá sobre você e sobre lealdade?

No trabalho, as pessoas tendem a cuidar primeiro de si, como já disse antes. Muitos Códigos de Honra têm uma regra que determina a lealdade para com a equipe. Essa é uma regra excelente, mas o que ela realmente significa?

Digamos que, na sua equipe, um dos representantes do atendimento ao cliente está lidando com uma reclamação ao telefone a respeito de uma das normas da empresa. Talvez esse atendente sinta que está sendo leal ao cliente ao dizer: "Sei que o senhor tem razão e já disse isso a eles [à empresa], mas nunca me ouvem. Peço desculpas, mas fiz o que pude." O que você acha que o cliente estará pensando ao desligar o telefone? O atendente estava tentando ser "simpático", mas apunhalou a equipe pelas costas tentando salvar sua pele. O cliente provavelmente está pensando: "Rapaz, esse lugar é uma verdadeira bagunça. Os próprios colegas estão uns contra os outros!"

Permaneça unido à equipe. Não deixe a roupa suja da equipe à vista de todo mundo. Lealdade não é isso. Mesmo se discordar do sistema, de uma regra ou política, permaneça leal a ela até que as coisas mudem na própria equipe. Não que você precise calar a boca, seguir cegamente e ignorar seus sentimentos. Mas você deve lutar pelas mudanças internamente. Nada de agir como autônomo ou sair por conta própria. Você trabalha *com* a equipe, não contra ela. Se você não agir assim, ninguém vencerá.

Lembre-se, a razão de tudo é que, em momentos de pressão e ânimos exaltados, a inteligência diminui. Quando uma equipe passa por estresse ou dificuldades, ela se mantém leal? Algumas pessoas ajudariam primeiro um estranho antes de estender a mão a um familiar. Talvez você conheça alguém assim na sua família. Mas esse tipo de relacionamento não é bom e nenhuma equipe de verdade se comportaria desse modo. Essa atitude corrói o âmago da equipe.

Reconheça todo o significado da lealdade diante da tentação. Se as pessoas não forem leais a você, exija isso delas. Hoje em dia, é fácil ser desleal à equipe se receber uma oferta melhor de outro lugar. Mas asseguro que meu coração se aquece quando alguém me conta que permaneceu na equipe pelo sentimento de lealdade. Essa noção é o que une a equipe. E se uma pessoa tem tal atitude no grupo, não há *nada* que eu não faça por ela.

Nos grandes times de futebol americano, podemos observar que, no final do jogo, quando só resta uma jogada e muitas jardas a serem conquistadas, os jogadores de ataque formam um círculo (*huddle*) de mãos dadas para preparar a próxima jogada em segredo. Um apoiará o outro, aconteça o que acontecer. Esse é o espírito de um grande time.

É preciso ter os melhores relacionamentos possíveis, porque, no fim das contas, eles são tudo o que temos.

Em última análise, siga estas regras simples para garantir a responsabilidade, o compromisso e a lealdade.

Checklist para a equipe

1. Mantenha estatísticas e não deixe de revisá-las, de aprender com elas e de alavancá-las.
2. Reconheça o comportamento desejado.
3. Obtenha permissão para fazer com que cada um preste contas à equipe e dê o apoio necessário nesse processo.
4. Seja sensato na escolha de seus colegas e amigos. Cerque-se de pessoas que exigirão o melhor de você e de si mesmas.
5. Exija lealdade e resista às tentações de perambular ou procurar opções melhores.
6. Seja responsável com você mesmo e dê o exemplo do que espera da equipe.
7. Em caso de dúvida, exerça o apoio mútuo.

Exercícios para a equipe

1. Identifique atividades mensuráveis para levar a equipe aos resultados que você deseja alcançar.
2. Mantenha estatísticas sobre essas atividades e revise-as com a equipe semanalmente.
3. Peça o mesmo aos integrantes do grupo.
4. Crie um fórum para que os membros da equipe possam cobrar a manutenção das estatísticas uns dos outros e que sirva de ponto de apoio nessa tarefa.

CAPÍTULO 9

Suportando a pressão extrema com o código

Tenho certeza de que você já ouviu falar que a coragem nasce com a adversidade. Infelizmente, isso não acontece em todos os casos. Em momentos de pressão e dificuldades, muitas vezes as emoções se elevam e nem sempre conseguimos nos sair tão bem quanto gostaríamos. Pode ser arrebatador. Pode ser desagradável. O código existe para manter as pessoas unidas em momentos de pressão, para garantir que todos serão disciplinados o suficiente para continuar compromissados e fortes quando aparecerem os desafios. A grandeza de todas as equipes, pessoas ou famílias formidáveis que conheço advém da pressão. Como John F. Kennedy disse: "Decidimos ir à Lua..., não porque isso seja fácil, mas porque é difícil!" A verdadeira transformação acontece somente sob pressão e desafios. Há uma razão física para tanto. Há um teor estranhamente profético nisso. Acima de tudo, o melhor de nós é ressaltado quando nos mantemos unidos "no fogo".

Situações de intensa pressão, estresse ou desafio operam uma transformação em nós. Às vezes para melhor, às vezes não. Em geral, essas situações elevam nossas emoções, esgotando nossa capacidade de pensar racionalmente. É aí que entramos no modo instintivo e de sobrevivência. Para alguns, é lutar ou fugir. Para outros, é "tirar o time de campo" e procurar um abrigo. Para muitos, é "tirar o meu da reta". Para outros, é coragem, bravura, talento e força. Qual é a diferença? O código.

Se firmemente aplicado, o Código de Honra mantém as coisas no lugar. Com compromisso, prática e repetição suficientes, o código substitui os antigos instintos de sobrevivência e coloca ordem nas coisas. O código nos mantém fiéis, faz com que sobrevivamos à pressão saindo mais fortes dela. Chamo isso de "suportar a pressão".

Em toda a minha vida, tenho suportado a pressão o máximo de tempo possível — não porque sou corajoso, mas porque, no fundo, sou um covarde. Descobri-me em situações muito bizarras e difíceis, em grande parte, porque desviei meu caminho para elas ou porque a princípio "pareciam uma boa idéia". Algo lhe soa familiar? Não me entenda mal, tenho uma família amorosa e não fui uma criança vítima de abusos ou de abandono. Sou apenas uma pessoa que sempre quis algo um pouco melhor do que tem.

Parece que meu crescimento sempre seguiu um padrão que, inicialmente, era perturbador. Quando comecei a realizar o trabalho de minha vida, que era estudar pessoas e equipes bem-sucedidas, descobri que esse padrão também se repete nesses casos. Atualmente, como empresário, professor, consultor e esposo, entendi que os resultados mais formidáveis, profundos e permanentes advêm de suportar a pressão. Muitas das tragédias e males do cotidiano são causados quando evitamos a pressão ou as coisas difíceis que precisamos enfrentar.

Mais importante, ao longo de uma vida estudando este fenômeno, fui descobrindo que a pressão não somente nos faz crescer como seres humanos, mas também é uma lei fundamental da natureza!

Dica para a equipe

Todas as equipes formidáveis atingem a excelência encarando desafios, adversidades e pressão e mantendo a união.

A evidência disso pode ser vista em Ilya Prigogine. Ganhador de um dos prêmios Nobel de 1977, esse químico estudou a Segunda Lei da

Termodinâmica. Não se preocupe que não darei uma aula de ciências, mas ilustrarei com um exemplo simples.

Se uma árvore cair na floresta e ficar no chão, irá apodrecer e se deteriorar com o tempo. Por fim, se partirá e sua estrutura será corroída, tornando o que restou da árvore ainda mais caótico e desordenado. Ou seja, a Segunda Lei diz, que se deixadas a esmo, as coisas no universo caem em crescente desordem e tendem a ruir. Faz sentido? Viu, você já é um *expert* na Segunda Lei da Termodinâmica. Sabe aquelas pessoas que não fazem nada e passam o dia assistindo à TV enquanto a vida vai virando um verdadeiro caos? Temos visto organizações assim, que engordaram, felizes e complacentes, e que pareciam não reagir às ameaças da concorrência. Essas empresas acabaram ruindo ou enfrentaram o colapso final. O mesmo pode ser dito de países, economias, moedas e culturas de todos os tipos.

Certamente, se passarmos muito tempo sem dar a atenção necessária, nossos relacionamentos com a família e os amigos passarão por um processo de deterioração e destruição. Aí vemos a Segunda Lei em ação, tanto na natureza quanto na vida. Físicos, químicos e sociólogos há anos têm conhecimento desse fato. Os ciclos de vida das empresas também seguem essa lei da natureza. Ao longo dos anos, as pessoas se resignaram ao fato de que, mais cedo ou mais tarde, as coisas acabam se "relaxando", seja nos relacionamentos ou na vida.

Mas Prigogine ganhou seu Prêmio Nobel por uma observação diferente. Na verdade, sua teoria parecia exatamente o oposto. Ele dizia que a natureza cria ordem do caos e observou que, se você passar energia para um composto químico ou organismo normal, ele absorverá e devolverá essa energia. O mesmo ocorre conosco: pegamos nossa cota de trabalho, comida, conversa, desafio e informações, processamos tudo e devolvemos na forma de energia, resultados, dejetos etc. Todos sabemos disso. Mas, *quando* começamos a adicionar *mais* energia, sobrecarregando-nos e colocando-nos sob pressão, algo interessante começa a acontecer. Na física, esse fenômeno tem o nome de "perturbação". Já colocou comida demais no prato? Já teve problemas demais para resolver? Seu cônjuge já descarregou coisas sobre você além do que deveria? Você ficou *perturbado*? Entendeu aonde quero chegar? Perturbação significa simplesmente abalar o *status quo*.

Dica para a equipe

Perturbação simplesmente significa abalar o *status quo*. É daí que vem a excelência.

Prigogine observou que, ao aumentarmos a quantidade de energia em um determinado sistema, provocamos uma sobrecarga que perdura até que o próprio sistema comece a tremer e vibrar. À medida que a pressão e a perturbação aumentam, o sistema vibra ainda mais, até atingir um ponto em que parece que não agüentará mais. Não ficamos exatamente assim quando temos um dia muito estressante? Parece que, se alguém pedir para fazermos mais alguma coisa, somos capazes de gritar! Todos já tiveram um dia desses. Seja com você, com um simples composto químico, com uma grande organização ou com a economia global, a perturbação chegou "ao máximo" e atingiu um limite imaginário. Você está verdadeiramente "sob pressão extrema". Parece que você vai explodir. Parece que a organização irá desmoronar. Mas, nas condições certas, algo diferente acontece. Essa foi a descoberta que proporcionou a Prigogine o Prêmio Nobel.

Quando um sistema alcança esse limite de pressão, *nas condições certas* (insisto, nas condições certas), algo interessante acontece. Em vez de se desintegrar e explodir, ele cruza a fronteira. Na verdade, o sistema se *reorganiza* e *evolui* para uma estrutura mais complexa, capaz de lidar com níveis mais elevados de pressão.

Veja o exemplo da árvore. Se ela cair na floresta e afundar num lamaçal, com a pressão da terra e o passar do tempo, ela se transformará em carvão. Com maior pressão e calor, o mesmo conjunto de compostos acabará se transformando em diamante, substância muito mais complexa e forte, capaz de agüentar volumes de pressão simplesmente inacreditáveis.

Mas o que será que estou dizendo? Aonde quero chegar com esta lição de ciências? Bem, estou dizendo que, na natureza, a transformação e o crescimento ocorrem sob pressão, pela *perturbação* do *status quo* e pela sobrecarga das situações existentes. O mesmo acontece conosco.

Você já praticou musculação? Conforme você força os músculos, parece que eles irão explodir, como se não agüentassem mais nenhum tipo de pressão. No entanto, eles crescem e se desenvolvem. Você fica mais em forma e capaz de lidar com peso, distância e pressão. É simples: quando se aplica "calor", ocorre pressão. A natureza funciona assim, mas, por alguma razão, os seres humanos evitam isso e fogem do processo.

Já notou que, embora talvez você e sua equipe estejam sob uma tonelada de pressão, trabalhando até tarde e estressados ao máximo, de repente, alguém diz alguma coisa e todos começam a rir? E você não tem idéia do que estava rindo? Depois que todos se acalmam, tudo parece mais fácil, mais rápido e mais tranqüilo. Esse é o processo de perturbação no trabalho. A pressão aumenta, a emoção é liberada e tudo é reorganizado.

Quem já praticou esqui na neve sabe o que a pessoa sente quando está prestes a descer em uma pista extremamente íngreme (*double-black diamond*). Ficamos com o coração na boca de tanta palpitação. Você começa a descer a montanha devagar, mas confiante de que verá os resultados dos meses de prática e exercícios. Grita como louco enquanto salta para a próxima curva inacreditável e, minutos depois, olha para cima e vê que acabou de atravessar uma descida incrível e que está mais capacitado a encarar desafios maiores.

Você pesquisou o valor das propriedades, passou dias fazendo contas e seu cônjuge discutiu com você sobre isso o tempo todo. Você se questionou e ficou estressado, mas assinou a proposta e, de repente, fechou o seu primeiro negócio. Se tivesse fugido da "fornalha" em alguns desses exemplos, a emoção que o refreava teria resistido e se acumulado até deixá-lo ressentido, furioso ou cínico.

A natureza quer que você enfrente os desafios. É assim que nós e as pessoas que nos cercam evoluímos. Os amigos que falam para você recuar e se acalmar estão dando um conselho anti-revolucionário. Quanto mais você agüenta o calor, mais você evolui e se aproxima de cumprir o seu destino.

Dica para a equipe

A natureza quer que você lute!

Aprendi em um antigo estudo que a expectativa dos executivos aposentados que não se impõem novos desafios é de aproximadamente cinco anos de vida. Sem luta, as pessoas não evoluem e a segunda lei da desordem entrópica opera. Crescer é o nosso objetivo na vida.

Já falei dessa idéia a milhares de pessoas e todas afirmam que gostariam de crescer, de evoluir, de estar em melhor forma física e de desenvolver mais habilidades. Então, eu pergunto por que elas não conseguem cruzar esse "limite imaginário" quando precisam enfrentar as incômodas verdades sobre os relacionamentos, as finanças, a carreira e a saúde, a fim de operar uma transformação em si mesmas e em seus relacionamentos? Os atletas excepcionais fazem exatamente isso. Esforçam-se cada vez mais até cruzarem a barreira que leva ao status de carreira internacional. Por que nós, "simples mortais", não fazemos isso? Por que nos Estados Unidos, 50% dos casamentos terminam em divórcio? Por que, quando a pressão aumenta, corremos à procura de um refúgio?

Recorrerei novamente à ciência para explicar. Na reação descrita anteriormente, há um elemento adicional. Como o sistema que está sob pressão começa a se transformar, ele libera energia. Geralmente, em química, essa energia é liberada na forma de calor. Durante a reorganização do sistema, alguns dos mecanismos de ligação se soltam à medida que o sistema evolui para um estado mais eficiente. Contudo, quando os seres humanos liberam energia, ela geralmente sai na forma de, adivinhe, *emoções*. Raiva, medo, tristeza, confusão, frustração — todas as emoções associadas à pressão. E a razão pela qual as pessoas evitam a "fornalha" é porque têm um medo atroz de liberar suas emoções.

Na sociedade, não aprendemos a lidar com as emoções nem a trabalhar com elas, tampouco a utilizá-las. Em vez disso, somos condicionados a fugir dos sentimentos, a bloqueá-los, negá-los e a desprezá-los. Crescemos ouvindo coisas do tipo: "homens não choram" ou "mulheres devem ser bem-educadas". Estou certo de que você já ouviu isso. O problema é que, se não liberar suas emoções, acabará emperrando a reação. O processo pára exatamente aí. Quando se trata de emoções, a reação típica é "que falta de profissionalismo", "esse cara é um covarde", e assim por diante.

Mas o problema é que estamos sob pressão o *tempo todo*. Como o mundo torna-se mais complexo a cada dia, nós, nossos filhos e nossas equipes precisamos lidar com a pressão como nunca e, se não lidarmos com as emoções decorrentes dessa tensão, acabaremos por estourar, mais cedo ou mais tarde. Você já deve ter visto pessoas andando de um lado para o outro como vulcões, prontas para explodir a qualquer momento. Você já disse algo a alguém e quase perdeu a cabeça sem motivo? Ou já provocou uma reação assim em alguém? Aposto que sim. Se você chacoalha demais uma garrafa de Coca-Cola, ela explode. O mesmo acontece conosco.

As organizações também vivem este fenômeno, pois sofrem uma pressão enorme. As que dispõem de mecanismos de comunicação para liberar a confusão e a ansiedade crescem continuamente. Já as que represam os problemas, acabam implodindo. O primeiro sinal disso é a rotatividade de funcionários. As mentes mais brilhantes começam a pedir demissão, pois sentem-se exploradas ou negligenciadas e não podem se expressar. Enquanto isso, como já disse antes, os que podem discutir, processar ou mesmo "gargalhar" para liberar a tensão conseguem superar a crise. Descarregar essas emoções relaxa o estresse e direciona a energia para atravessar a "fornalha".

É por isso que tenho um código desenvolvido para proteger os integrantes do calor da batalha, regendo a responsabilidade, a comunicação, a honestidade, a integridade e o respeito. Meu código funciona porque é "evocado" logo na primeira violação. Com ele, é possível comunicar-se, aliviar-se e até mesmo frustrar-se se for necessário, mas não à custa dos outros. Sem ele, até os mais bem-intencionados sentem-se num verdadeiro vale-tudo. O código foi projetado para manter as pessoas unidas nos momentos de pressão, para que a família ou a equipe possam ultrapassar juntas a linha de transformação.

Dica para a equipe

O código mantém a equipe unida sob pressão e protege todos os integrantes quando as coisas saem do controle.

Aprender a agüentar a pressão é crucial para o crescimento. Entretanto, tentar esse feito sem ter um código equivale a pular de um avião sem pára-quedas. É fundamental ter um código para você mesmo, para a equipe e para a família, a fim de promover o amparo mútuo em tempos de necessidade. Essas são as condições "adequadas" que mencionei antes. O contexto, o código e as regras devem defender, proteger e nutrir. Se as regras e sua imposição forem abusivas, carregadas de medo e humilhação, as pessoas nunca superarão seus limites ou se tornarão abusivas e ameaçadoras para si mesmas.

Já percebeu que, quando você encontra uma boa solução para um grande problema, enfrenta outros obstáculos parecidos com mais facilidade? Essa é a vantagem de suportar a pressão. Depois de ultrapassar a fronteira, você alcançará um novo nível como ser humano: sairá engrandecido, em melhor forma, mais capaz e apto a encarar tarefas mais complexas, que antes pareciam assustadoras. Mas, se nunca cruzar a linha, duas coisas acontecerão. Em primeiro lugar, você se tornará vítima da Segunda Lei. As leis da física determinam que, se você não aumentar a pressão, não suportar o calor extremo e não lutar, a Segunda Lei prevalecerá, ocasionando a degeneração da carreira, dos relacionamentos e do crescimento. A reorganização e a transformação só ocorrem sob pressão.

Em segundo lugar, se você não encontrar meios de liberar as emoções, continuará armazenando a pressão até não agüentar mais e explodirá. Degeneração, raiva e explosão podem surgir na forma de intensa depressão, violência ou renúncia. Esses problemas podem ocorrer com nossos filhos, nossa equipe ou com nossos relacionamentos mais importantes se não forem administrados. As empresas podem se tornar tão densas, impessoais e burocráticas que começam a implodir.

Ressalto, mais uma vez, que nunca vi uma empresa tornar-se uma organização espetacular sem passar por momentos de pressão. Nunca vi realizações, líderes e ações revolucionárias e formidáveis ocorrerem sem ter passado por muita tensão. Times campeões não são alegres grupos de acampamento. São duros porque se esforçam e exigem de si mesmos o aperfeiçoamento e a superação de desafios. As grandes equipes mantêm um eficaz sistema de prestação de contas, mas também sabem compartilhar a comemoração das vitórias e o aprendizado. Em união, realizam coisas muito além do que jamais poderiam imaginar. Acabam satisfeitas e aperfeiçoadas. Trabalham muito, mas vale a pena.

ENTÃO, COMO SUPORTAR O CALOR EXTREMO?

Bem, se você seguiu as etapas deste livro e criou um Código de Honra, já deu início ao processo. Como a pressão é muito importante na criação de uma equipe formidável, os integrantes precisam suportá-la, muito embora tenham uma tendência natural de fugir dos problemas e evitar o assunto. É preciso apoiar-se num conjunto de regras. Quando o calor aumenta e todos se entreolham, perguntando-se o que fazer e como lidar com a situação, o código dá a resposta.

Tenho um Código de Honra para mim porque, às vezes, sou meu pior inimigo.

Sob pressão, esqueço-me, fico irritado e quero brigar ou fugir. Nenhuma dessas atitudes funciona. Fui abençoado na vida por ter ao meu redor colegas que cobram de mim a responsabilidade. Disciplinei-me a obedecer o código e posso dizer que passo por dificuldades como qualquer pessoa, mas que aprendi a confiar no processo. Sempre que a pressão aumenta e as coisas parecem sair do controle, digo a mim mesmo: "Você está na fornalha. Agüente firme. Não desista." Sabe o que acontece? Algo formidável sempre surge do meio da fornalha. Há dias em que fico rindo à toa no escritório ou em casa e minha esposa me olha e diz: "Bem, parece que vai acontecer alguma coisa boa."

Seja para aprender a esquiar, comprar o primeiro imóvel para alugar, construir empresas, participar de uma corrida ou chegar a um entendimento com minha esposa, às vezes enfrento medo, frustração e confusão. Entretanto, como consigo processar esses sentimentos e agüentar firme a pressão sob a proteção do Código de Honra, todas essas experiências se transformam em enormes vitórias que trazem sucesso e amor à minha vida.

Uma das regras em casa e no trabalho é nunca abandonar problemas difíceis ou deixá-los sem solução. Às vezes, não é nada fácil. Parece que seria mais cômodo deixar decisões complicadas ou conflitos de lado, pois essas questões podem gerar uma grande carga emocional. Contudo, quando ventilamos os sentimentos e as emoções, liberando-os de forma responsável, não só encontramos excelentes soluções, a exemplo do que acontece na física, como também nos reorganizamos e conseguimos elevar nossos relacionamentos a outros patamares. Sem dúvida, essa reestruturação ocorre em minha equipe e minha empresa e, mais importante ainda, ela proporciona laços mais fortes e profundos em meu lar.

Nos negócios, quase sempre surge uma idéia melhor, um novo *insight* ou um grande avanço em nossa filosofia. Por mais estranho que pareça, minha equipe realmente anseia por esses momentos de impasse, na certeza de que algo sensacional a espera do outro lado da fornalha. Essa segurança existe porque cada um pode expressar suas preocupações, frustrações e idéias sem medo, desde que o façam de acordo com o código, agindo com responsabilidade. Nada de culpas e lamentações nos momentos de pressão.

Quando os *stakeholders* (grupos de interesse) de qualquer empresa estão dispostos a enfrentar problemas difíceis até encontrarem uma solução, pode haver uma excelente sinergia; seja em questões financeiras, de vendas, parcerias, concepções, objetivos, resultados, estratégias, contratações, demissões etc. Estou certo de que você já enfrentou seus próprios assuntos ásperos, porém cruciais, dos quais podem ter surgido novas alternativas. Níveis mais altos de confiança podem ser criados, ao mesmo tempo em que se fortalece o compromisso entre as partes. Contudo, nada disso acontecerá se não houver o acordo de agüentar firme a fornalha até atravessá-la totalmente.

Tenho testemunhado essa inovação em termos de mentalidade, criatividade e resultados em quase todos os programas de liderança que conduzo para clientes no mundo todo. Nos próprios programas, observo, admirado, como os participantes lutam com algumas das tarefas e projetos propostos. Aumento a temperatura da fornalha de propósito, determinando prazos e disponibilizando recursos que parecem absurdamente limitados. Em todos os casos, essas equipes que reclamam, se esforçam, discutem e falam realmente o que pensam sempre superam o desafio e apresentam resultados acima de suas próprias expectativas.

Enquanto esperava o meu vôo em Austin, Texas, Estados Unidos, alguns meses atrás, uma jovem abordou-me e meu olhar espantado denunciou que eu não a havia reconhecido. Ela sorriu e perguntou: "Você não se lembra de mim, Blair?" Balancei a cabeça. Então prosseguiu dizendo: "Participei de um de seus primeiros programas de liderança, conduzido na IBM há alguns anos, e gostaria de agradecer-lhe."

Foi aí que me lembrei dela. Essa moça participava de uma equipe que lutara para executar um projeto a ela atribuído no programa. Trabalharam até tarde da noite, puxando os cabelos para tentar descobrir o que poderiam fazer e como teriam tudo pronto na manhã seguinte. Muitas vezes não sentiram a menor alegria com isso.

Perguntei à moça porque estava me agradecendo. Ela sorriu e confessou:

— Quase nos matamos por causa daquele projeto, você se lembra?

— Sim — concordei.

— Aquele projeto sobreviveu e tomou vida própria com o passar dos anos.

A missão dessa equipe era criar um projeto que pudesse se sustentar depois do programa, mas que deveria estar pronto de um dia para o outro. Os benefícios do projeto deveriam ir além da IBM e da equipe, estendendo-se à comunidade de Austin. Foi criado um projeto de educação, atendimento e proteção às "*latchkey kids*" — as crianças que ficam em casa sozinhas quando chegam da escola porque os pais trabalham. O sucesso foi tão estrondoso que a imprensa local divulgou a notícia em todo o país e organizações de todos os tipos aderiram à causa.

Ela me contou que odiou quando atribuí a tal missão ao grupo, pois a achou utópica e impossível. Contudo, quando viu o que foram capazes de realizar por terem agüentado juntos a pressão, os resultados foram inacreditáveis. Contou também que fora promovida várias vezes na IBM nos últimos anos e que atribuía muito de seu sucesso àquele dia. E concluiu: "Sempre que enfrento um desafio que parece impossível, lembro-me do que realizamos. Adotei a filosofia do *NADA é impossível*, que sempre arrebata todas as pessoas com quem trabalho."

Conversamos mais um pouco antes de meu embarque. À medida que o avião subia acima das nuvens adentrando o céu noturno, invadia-me uma emoção. A vida de quantas crianças e famílias foi atingida pela disposição daquela equipe em agüentar a pressão? Como a vida e os relacionamentos daqueles profissionais mudaram e se desenvolveram como resultado? E se eles dissessem: "Isso é difícil demais, vamos desistir?"

Quantas vezes duvidei de mim mesmo e senti que estava esforçando-me além de minha capacidade, exigindo demais de minha equipe, de meus amigos e clientes, e de mim mesmo? Mas as leis da física também funcionam para nós, desde que exista um código em vigor que honre e proteja a equipe, mantendo-a unida nos momentos de pressão.

Em seu livro *Good to Great*, publicado no Brasil com o título *Empresas Feitas para Vencer*, Jim Collins descreve as discussões e problemas angustiantes de empresas como a Scott Paper, Wells Fargo e Eckerd Drugs, que tiveram de tomar decisões difíceis para transformar o "bom em ótimo". Sua narrativa conta como a disposição para lidar com a "verdade nua e crua" ajudou-as a alcançar a excelência.

Aqueles que desistem dos problemas, ou sentem-se incomodados demais para lidar com eles, acabam tendo de enfrentá-los mais cedo ou mais tarde. Quanto mais você adiar, maiores e mais difíceis serão as dificuldades. É como enfurnar um monte de coisas no armário e forçar para fechar a porta, em vez de se livrar do que não serve mais. Se continuar assim, chegará a hora em que você abrirá o armário e cairá uma avalanche na sua cabeça. E não há nada capaz de deter uma avalanche.

Em casa e na nossa empresa também temos uma regra segundo a qual todos devem ter o compromisso de buscar treinamento para o desenvolvimento pessoal, desde cursos de comunicação a aconselhamento pessoal. Desse modo, todos trabalham consigo mesmos a fim de fortalecer-se emocionalmente e aprender a se comunicar melhor. Essa atitude requer uma disciplina enorme e tem proporcionado crescimento e prosperidade a mim, à minha esposa, Eileen, e à equipe do Pai Rico.

Veja bem, você não pode sair por aí deixando passar suas emoções para todo mundo. Seguramente não estou dizendo que você deve terminar de ler este livro e sair gritando com sua equipe, perseguindo seus filhos ou começando uma briga com seu cônjuge. Seu instinto pode até ser esse, mas tal atitude não levará a nada. O código, por sua vez, rege o seu comportamento, determinando que, ainda que você queira, não poderá fugir. Mesmo que o seu desejo seja gritar e descarregar todas as suas emoções em um colega ou familiar, não poderá fazê-lo. O código sempre permite que você diga a verdade e que cobre a responsabilidade sem agir à custa dos outros.

As regras determinam esse comportamento e você concordou com elas antes de as emoções subirem à cabeça. Confie em si mesmo e no código, respeite-o e passará a encará-lo como algo que o manterá firme nos momentos de extrema pressão. Se lidar com a situação, irá superá-la e sairá dela transformado. Essa é a essência do Código de Honra.

Checklist para a equipe

Três segredos para conquistar a excelência:

1. A pressão torna as equipes formidáveis em todas as áreas. Encare-a em vez de fugir dela.
2. Encontre modos construtivos de liberar a emoção armazenada para que o processo de evolução possa continuar — pratique exercícios físicos e esportes, discuta, faça algo que funcione para você.
3. Use o código para manter a equipe unida sob pressão. Mais do que nunca, se você agüentar firme a pressão, sairá dela mais forte, com melhores resultados e um inacreditável sentimento de orgulho e realização.

Exercício para a equipe

Descreva momentos de elevada pressão e conte como lidou com eles — tenha lidado bem ou não. Como poderia ter se saído melhor aplicando o que você aprendeu agora?

CONCLUSÃO

Chegou a hora de você ter um Código de Honra

Bem, aqui está você. Uma coisa eu sei a seu respeito: se chegou até aqui é porque assumiu o compromisso de ser o melhor. Afinal, se não pudesse ser o melhor, por que se importaria? A excelência está em você e em todas as pessoas que o cercam. Em alguns casos, ela apenas está esperando para ser revelada. Sua tarefa é encontrá-la, treiná-la e usá-la como ferramenta para melhorar a sua vida e a daqueles que o cercam. Não espere mais. Olhe para você e para a maioria das equipes importantes de sua vida e determine se está obtendo o máximo desses relacionamentos.

Proponho-lhe o seguinte desafio: pergunte a você mesmo quanta alegria deseja ter em um relacionamento. Quanto potencial pode estar adormecido na sua equipe? Quando chegará o dia em que você se olhará no espelho e saberá que está desenvolvendo todo o seu potencial? O que você está disposto a conciliar e do que você não abre mão? Em que aspecto você pretende ser flexível hoje e o que o levaria a se esforçar? Se, Deus o livre, você fosse atropelado por um ônibus amanhã, como seria lembrado na posteridade? Que exemplo você está definindo? A qualidade de suas respostas a essas perguntas determina a qualidade de sua vida.

Seu Código de Honra será uma declaração sobre você. Use-o como um emblema de honra e deixe-o guiá-lo na travessia dos terrenos espinhosos da vida rumo aos grandes avanços e vitórias que o esperam do outro lado. Se puder fazer isso, a pressão e o conflito transformarão você e sua equipe em seres humanos melhores. No fim das contas, poderá olhar para trás sem arrependimentos e dizer que se divertiu. Essa é a essência do código.

Pense nisso como um grande jogo! Partidas precisam de jogadores, regras, limites, oponentes, metas e até de espectadores. Esses componentes servem para testar o melhor de você e de sua equipe. Se não estiver comemorando as vitórias, divertindo-se com as pessoas amadas, aprendendo, crescendo e rindo, pare agora! Procure outra coisa para fazer ou mude sua tática de jogo. Você nasceu para ser feliz, não infeliz, nem frustrado. Cada pessoa tem um dom e a regra do jogo é fazer com que cada um dê o melhor de si. Jogue dessa forma com as pessoas com as quais deseja compartilhar a alegria dessa jornada.

Este é o julgamento final de sua equipe: se o jogo mudasse totalmente amanhã, você escolheria os mesmos jogadores? Se a resposta for sim, talvez você tenha uma equipe campeã. A criação de um Código de Honra nutrirá, protegerá e ressaltará o que todos têm de melhor. É possível ter a família, a equipe e os relacionamentos almejados. Meu desejo é que você cumpra o seu destino de ser uma pessoa escandalosamente bem-sucedida. Para chegar lá, é preciso tomar uma decisão consciente nesse sentido e criar um contexto, um Código de Honra.

Então, parabéns! Obrigado por comprometer-se a cumprir seu próprio Código de Honra, a estar disposto a definir os padrões e as tolerâncias do modo mais elevado possível. De agora em diante, espero que você nunca mais abra mão desses valores. Decida hoje quem você quer ser amanhã.

Comecei este livro contando a história de uma das mais sensacionais partidas do futebol universitário americano, quando o Ohio State University enfrentou o Miami Hurricanes pelo campeonato nacional no Fiesta Bowl. Mesmo sendo o *underdog* (a zebra), o Ohio State venceu o jogo num dramático segundo tempo da prorrogação. Em virtude da falta de disciplina constatada no Ohio State, o treinador chefe da equipe, Jim

Tressel, assumiu um programa e instilou um Código de Honra rígido, porém justo.

Durante toda a temporada, o time lutou por vencer partidas cujas apostas indicavam derrota certa para o Ohio State e passou a viver de milagre em milagre. Bem, milagres acontecem, mas só se você agir de modo favorável a eles. Toques de recolher, rígidos padrões acadêmicos, regras de conduta pública e de treinamento, cantar o hino da universidade com a banda de fanfarra, andar de braços dados na *endzone* (linha de fundo) antes de cada jogo e anunciar aos jogadores que violaram o código que eles ficariam no banco (ou mesmo que não mais fariam parte da equipe) — todos esses mecanismos tornaram-se as regras que regiam a vida da equipe.

No discurso que, segundo informações, proferiu à equipe minutos antes do início da partida, o treinador deixou claro o poder do código e o que é necessário para a formação de uma equipe campeã. Além disso, todos sentiram o espírito desse time e viram por que eles se tornaram campeões.

Imagine-se nesse vestiário com o zunido de 80 mil torcedores do lado de fora e milhões de pessoas assistindo à transmissão pela TV. Todos os dias você entra em campo para o seu próprio jogo e, tenha consciência disto ou não, há pessoas que o amam esperando para torcer por você também. Deixe as palavras do treinador ecoarem na sua mente do mesmo modo como aconteceu comigo. Que elas possam lembrá-lo que você é um campeão e que lhe dêem força e motivação para cercar-se das pessoas mais especiais na sua vida e torná-las indivíduos ainda melhores. Eis o que ele disse:

> Nesta noite, vocês embarcarão na última parte de uma jornada que começamos vários meses atrás. Parte dela contou com alguns colegas que nos deixaram por vários motivos para seguirem seu próprio caminho. Mas os que permaneceram são parte de algo especial aqui. Vocês ficaram por um motivo: porque se importam com o Ohio State [você pode colocar aqui o nome de sua equipe, empresa ou

família], com aquilo que o time representa, com seus colegas e consigo mesmos.

Chega um momento na vida em que a pessoa se pergunta: Como eu *quero* ser lembrado?

A verdade é que pouquíssimas pessoas têm a mesma oportunidade que vocês têm nesta noite. Vocês podem mudar a resposta a essa questão. O momento está ao alcance de vocês. Não se trata de amanhã nem de ontem, tampouco do que vocês fizeram dez minutos antes de entrar neste estádio. No entanto, nas próximas três horas e meia, *vocês* moldarão parte do seu futuro de como serão lembrados na posteridade.

Olhem em toda esta sala e encarem a pessoa ao seu lado. Que tipo de lembrança você quer que esse companheiro tenha a seu respeito? De que modo as pessoas aqui deverão se lembrar da atuação de vocês nesta partida? Como desejam que seus pais, familiares e amigos se lembrem do seu desempenho nesta noite? Vocês serão lembrados como ordinários ou extraordinários?

Os técnicos os treinaram para este jogo, como vocês também se prepararam para esta partida. Mas há várias coisas que vocês devem lembrar quando entrarem em campo:

1. Joguem com o coração. Aconteça o que acontecer, não diminuam o ritmo.
2. Joguem com paixão. Não pensem que a partida está ganha. Embora tenham conquistado o direito de estar aqui, não suponham que essa oportunidade se repetirá. Joguem como se este fosse o último jogo de sua vida. Joguem como se cada jogada fosse salvar o jogo! Saibam que cada jogada contribui para o desempenho campeão.
3. Joguem com seus recursos. Lembrem-se do que aprenderam e coloquem os ensinamentos em prática. É muito comum as equipes perderem porque as pessoas começam a jogar de maneira

diferente do combinado. Confiem nos companheiros e saibam que eles o apoiarão.

4. Não deixem que ninguém roube este momento de vocês. Nem a multidão, nem a imprensa, nem seus amigos e muito menos o Miami Hurricanes.
5. Divirtam-se! Saboreiem este momento. Uma multidão inacreditável de jovens passará a vida se perguntando o que teriam sentido no lugar de vocês. Aproveitem! Não tenham medo de vencer!
6. Joguem como *campeões* nesta noite! Joguem com o coração, a mente, o espírito e a postura de uma equipe campeã.

Durante toda a temporada conversamos sobre o que é necessário para ser considerado realmente extraordinário. Quais os quesitos para ser tido como excelente. Há pessoas neste mundo que têm medo de ser formidáveis. Elas receiam ser campeãs, pois temem o trabalho e o compromisso necessários para estar no panteão dos campeões.

Mas vocês não! Agora, *entrem em campo* e *sejam campeões!*

Cumpra o seu destino! Seja o melhor!

O Autor

Blair Singer

A mensagem é clara. Para ser rico e bem-sucedido nos negócios é preciso ter a habilidade de vender e ensinar os outros como desenvolver essa aptidão. Em segundo lugar, para construir uma empresa de sucesso, você precisa saber como desenvolver uma equipe campeã que possa vencer, aconteça o que acontecer. Blair Singer tem aumentado a receita de empresas e pessoas no mundo todo revelando a elas os segredos de como implementar esses componentes cruciais.

Se o proprietário ou líder de uma organização consegue vender e instilar esse espírito de equipe, propriedade e responsabilidade na cultura da empresa, as receitas sobem; do contrário, os negócios vão ao fracasso. O trabalho de Blair com milhares de pessoas e empresas permitiu que experimentassem crescimento, retorno sobre o investimento e independência financeira nunca vistos antes.

Blair é facilitador da mudança organizacional e pessoal, treinador e palestrante dinâmico, usando a abordagem de alta energia, inspiração e desenvolvimento pessoal precisos e intensos. Sua habilidade especial de operar uma rápida mudança comportamental em equipes e organizações inteiras, alcançando níveis de desempenho máximo a curto prazo, é conseqüência dessa abordagem de alto impacto.

Blair é autor de *Vendedor Rico: Você não precisa ser um pit bull para ganhar muito dinheiro em vendas,* da série O Guia do Pai Rico. Fundou e dirige uma empresa de treinamento internacional que oferece estratégias de sucesso que mudaram a vida de milhares de pessoas, aumentando seus rendimentos por meio da formação de equipes de vendas campeãs.

Desde 1987, Blair tem trabalhado com dezenas de milhares de indivíduos e organizações, desde empresas da *Fortune 500* a grupos de agentes de vendas autônomos, vendedores diretos e pequenos empresários para ajudá-los a alcançar níveis de vendas, desempenho, produtividade e fluxo de caixa extraordinários.

Blair foi o supervendedor da UNISYS e, posteriormente, o melhor nas áreas de vendas de softwares, contas automatizadas, transporte de carga aérea e logística, tanto em corporações quanto na condição de empresário. Nos últimos 15 anos, realizou milhares de seminários públicos e privados para grupos de 300 a 10 mil pessoas ou mais. Seus clientes normalmente têm um crescimento de 34% a 260% nas vendas e nas receitas em questão de meses, dependendo do setor. Seu trabalho abrange mais de 20 países nos cinco continentes. Blair trabalha extensivamente em Cingapura, Hong Kong, Sudeste da Ásia, Austrália e na orla do Pacífico.

Para maiores informações sobre o Cashflow ou sobre o sistema de ensino do autor, escreva para:

Cashflow Technologies, Inc. 6611N. 64th Place Paradise Valley, Arizona 85253

Ou visite o site:
www.richdad.com